工会女职工工作百问百答

宗萍　刘瑛◎编著

GONGHUI
NÜZHIGONG GONGZUO
BAIWEN BAIDA

中国工人出版社

前言

PREFACE

改革开放以来，随着我国工人阶级队伍的发展壮大，女职工队伍同步发展，在我国社会主义现代化建设主力军中的“半边天”力量更加凸显。工会女职工工作，不仅是工会全局工作的重要组成部分，也是党的妇女工作的重要方面，在经济社会大局中正发挥着越来越重要的作用。

站在新的历史起点，工会女职工工作面临许多新情况新问题。当前，我国经济发展进入新常态，转变发展方式、调整经济结构、化解产能过剩、淘汰落后产能等，给女职工权益实现带来了新的严峻挑战；在市场化、工业化、城镇化、信息化、全球化诸多因素共同影响下，我国劳动关系主体更加复杂多元，不同所有制企业和不同群体女职工面临的劳动关系状况千差万别，协调稳定劳动关系，推动和谐企业和社会建设的任务更加艰巨繁重；随着社会变革和经济转型的推进，女职工队伍构成发生深刻变化，不同群体女职工的思想观念、利益诉求日趋多样化；新冠肺炎疫情对世界政治经济格局和社会生活方式产生了全方位冲击和影响，也对工会女职工工作适应新变化、体现新作为提出了新的要求。

为了帮助广大工会女职工工作者更好地做好新形势下工会女职工工作，应中国工人出版社的邀请，我们编写了《工会女职工工作百问百答》一书。本书从基础知识、组织建设、提素建功、维权服务、常见问题等5个方面，梳理了100个问题，力图通过一问一答的形式，以理论和实务相结合的方式，比较全面、系统、准确地阐述工会女职工工作的性质特点、地位作用、组织架构、法律依据和新形势下新的目标任务、新的机遇挑战、新的创新实践以及女职工工作的重点难点问题。为便于学习、培训和使用，本书选择了50个重要知识点，编写了相关自测题和答案，附录了与女职工工作密切相关的部分法律法规和文件，希望能给广大女职工工作者带来帮助。

本书的编写主要依据《中华人民共和国工会法》《中国工会章程》《工会女职工委员会工作条例》和涉及女职工权益的相关法律法规，参考了全国总工会女职工委员会的工作要求及制度规范，也汲取了全国各地各级工会女职工组织和广大女职工工作干部的积极探索、丰富实践和创新成果，在此表示衷心的感谢！由于水平有限，加之时间仓促，本书还存在许多不足和疏漏之处，敬请广大工会女职工工作者和读者朋友批评指正！

编 者

2021年3月

目录

CONTENTS

JI CHU ZHI SHI

第一部分

基础知识

1 什么是工会女职工工作?

（1）女职工工作是工会工作的重要组成部分，也是党的群众工作和妇女工作的重要组成部分。

（2）女职工工作的对象是女职工。女职工是女职员和女工人的统称。一般是指从事一定经济和社会活动，并以工资收入为主要生活来源，与用人单位建立劳动关系（包括人事关系、劳务关系）或者存在事实劳动关系的女性劳动者（包括脑力劳动者和体力劳动者）。女职工是我国工人阶级队伍不可分割的重要组成部分，是推动经济社会发展的主体力量。

（3）女职工工作是指各级工会女职工组织在同级工会领导和上级工会女职工组织指导下，依据《中华人民共和国工会法》（以下简称《工会法》）、《中国工会章程》和《工会女职工委员会工作条例》，根据女职工的特点和意愿而开展的各项活动和工作。

2 工会女职工工作有哪些特点?

女职工工作作为工会工作全局不可分割的一个重要组成部分，既体现了工会工作的一般规律，又具有鲜明的自身特点，主要表现在以下三个方面：

（1）女职工工作的特殊性。女职工工作的特殊性是由其工作对象特殊的生理、心理特点及维权需要所决定的。一是从生理上看，女性有经期、孕期、生育、哺乳、围绝经期等特殊生理特征，需要进行特殊时期的特殊保护。女性的心脏功能、肺脏功能、骨骼承重能力等均弱于男性，需要在劳动和工作中加以保护，所以国家法律有关于女职工“四期”劳动保护规定，不少地方法规还对女职工在围绝经期的特殊保护作了明文规定。二是从心理上看，因为受到“男强女弱”“男主外女主内”等传统观念、特殊的生理特点和一定程度的社会性别歧视的影响，以及在养育子女方面承担的特殊责任，部分女职工还存在自我束缚、自卑自闭、容易满足的心态，心理承受能力相对脆弱，依附依赖心理较强。三是从维权现实需要来看，女性在就业、参政、教育、职业发展、收入分配等方面遭受性别歧视的现象还比较普遍，在剧烈的社会竞争中相对处于弱势。需要专门的组织关心并研究她们的特殊利益诉求，帮助她们解决实际问题，维护她们的合法权益和特殊利益。

（2）女职工工作的综合性。女职工权益的多样性决定了女职工工作的综合性。女职工的合法权益既包括男女职工所共有的权益，如劳动权、休息权、人身权、财产收益权等，又包括只有女职工享有的特殊权益，如“四期”保护、禁忌劳动、生育补偿等。这些权益涉及政治、经济、文化、法律、社会等各个领域，也与党和政府各相关部门及工会各业务部门的工作都有着密切联系。涉及女职工利益的工作内容广、领域宽，凡有女职工的地方都有女职工工作。因此，必须坚持“全会抓女职工工作，女职工工作为全局工作服务”的原则，借助全会和全社会的力量，共同推进工会女职工工作。

（3）女职工工作的相对独立性。女职工工作的特殊性决定了其相对独立性。女职工的特殊利益诉求，需要女职工组织依法独立负责、有针对性地开展工作，进行系统调查研究，广泛听取意见和要求，满足广大女职工日益增长的美好生活需求。因此，各级工会要依据《工会法》《中国工会章程》《工会女职工委员会工作条例》等有关法律法规，同步建立健全工会女职工组织，并从人员经费开支上予以保障；各级工会女职工组织要紧紧围绕工会工作全局，依法独立自主地开展工作，切实代表和维护女职工合法权益和特殊利益。

以上三点是工会女职工工作的一般性规律，在不同历史时期，女职工工作还会呈现不同的时代特征。

3 工会女职工工作的主要任务是什么?

根据2024年修订的《工会女职工委员会工作条例》规定，结合新形势、新任务，工会女职工工作的主要任务可以简要概括为五个方面：

（1）加强思想政治引领。一要坚持不懈用习近平新时代中国特色社会主义思想凝心铸魂，开展理想信念教育，团结引导广大女职工听党话、跟党走。二是教育女职工践行社会主义核心价值观，树立自尊、自信、自立、自强精神，不断提高思想道德素质、科学文化素质和技术技能素质，做伟大事业的建设者、文明风尚的倡导者、敢于追梦的奋斗者。

（2）推动女职工提升素质建功立业。按照“五位一体”总体布局和“四个全面”战略布局要求，贯彻新发展理念，把握中国工人运动和工会工作的主题和方向，弘扬劳模精神、劳动精神、工匠精神，积极参与产业工人队伍建设改革，动员和组织广大女职工在推动实现经济社会高质量发展中建功立业。

（3）维护女职工合法权益，保障女职工特殊权益。一是依法维护女职工在政治、经济、文化、社会和家庭等方面的合法权益和特殊权益，同一切歧视、虐待、摧残、迫害女职工的行为作斗争。二是参与有关保护女职工权益的法律、法规、规章、政策的制定和完善，监督、协助有关部门贯彻实施。三是代表和组织女职工依法依规参加本单位的民主选举、民主协商、民主决策、民主管理和民主监督。指导和帮助女职工与用人单位签订并履行劳动合同。四是参与平等协商、签订集体合同和女职工权益保护等专项集体合同工作，并参与监督执行。五是参与涉及女职工特殊权益的劳动关系协调和劳动争议调解，及时反映侵害女职工权益问题，督促和参与侵权案件的调查处理。

（4）做好女职工关爱服务。一是开展困难女职工帮扶救助、职工婚恋服务和职工子女关爱等工作。二是落实国家生育政策，协同做好职工子女托育托管服务。三是加强女职工心理关怀。

（5）开展家庭家教家风建设。充分发挥女职工在家庭生活中的独特作用，倡导和支持男女共同履行家庭责任，弘扬社会主义家庭文明新风尚。

4 为什么说女职工工作是工会工作全局的重要组成部分？

（1）工会是职工群众自愿结合的工人阶级群众组织，代表和维护职工群众合法权益是工会的基本职责。随着我国工人阶级队伍的发展壮大，女职工队伍也同步发展壮大。

（2）工会作为党领导的职工自愿结合的工人阶级的群众组织，除了反映和解决男女职工的共同意愿和要求外，还必须关注和维护女职工的特殊利益，深入研究和关心女职工的特殊利益诉求，帮助她们解决特殊困难和问题。工会组织如果不能维护好女职工的权益，不能有效保护和调动女职工的积极性、创造性，工人阶级的团结统一和整体作用发挥就会受到严重影响。由此可见，女职工工作在整个工会工作中具有重要地位和作用，是工会工作不可或缺的重要组成部分。各级工会要从加强党的能力建设、巩固党的执政基础、维护工人阶级团结统一的高度，充分认识女职工工作在党和国家大局及工会工作全局中的重要作用，把女职工工作放到应有的位置，作为一项重要工作认真抓好。

（3）我国工会历来重视女职工工作，将其作为工会工作的重要内容。从 1925 年中华全国总工会成立以来，工会就把女职工的特殊问题纳入工人阶级斗争纲领。中华人民共和国成立后，工会女职工工作得到进一步加强，女职工工作机构进一步健全。

1950年，中华全国总工会召开了第一次全国工会女职工工作会议，明确了女职工工作在整个工会工作中的重要作用、工作原则、工作方针和任务要求。“文化大革命”期间，女职工工作与工会其他工作一样被迫中断。中国工会第九次全国代表大会后，女职工工作也随着整个工会组织的恢复和发展得到了恢复，并不断发展，在我国经济发展的各个时期，发挥了重要的作用。

综上所述，女职工工作是工会全局工作的重要组成部分。

5 当前工会女职工工作面临哪些新情况新问题？

当前，我国经济发展进入新常态，劳动关系更加复杂化、多元化，工会女职工工作面临着一系列新情况、新问题，概括起来主要有八个方面：

（1）女职工队伍构成发生深刻变化。随着我国经济体制改革不断深化，社会经济成分、组织形式、就业方式、利益关系和分配方式日益多元化、复杂化，女职工人数大幅增长，非公有制企业女职工比重逐年上升，女农民工已成为女职工群体的重要力量。随着产业结构调整，产业分布发生重大改变，第三产业女职工比重大幅增加，灵活就业、劳务派遣、自主创业等用工形式大量涌现，女职工的择业观念和职业结构日趋多样化，基层工会女职工组织难以充分有效地覆盖不同群体的女职工。

（2）女职工维权需求日趋多样化。当前，我国正处于发展的重要战略机遇期和社会矛盾凸显期，不同女职工群体的思想观念、价值取向、利益诉求日趋复杂化、多样化，“80 后”“90 后”“00 后”新生代女职工追求职业发展、获得合理收入、维护自身权益的意识和愿望更加强烈，网络时代信息传播方式的深刻变革，使女职工信息获得渠道和诉求表达方式更加迅捷、更加直接，也更容易引发社会矛盾、带来不稳定因素。

（3）女职工权益受侵害问题依然存在。一是就业压力大、二次上岗难，用工中的性别歧视依然存在；二是就业层次低、职业发展难，女职工的就业领域相对集中于劳动密集型、技术含量低的企业和岗位，这部分女职工很少有学习培训机会，直接影响了她们的职业发展和收入水平；三是女职工劳动保护不落实、不到位，特别是在一些女职工比较集中的中小非公有制企业，存在着严重的职业危害和隐患，粉尘、噪声、有毒有害气体超标，劳动安全卫生条件得不到改善，严重影响了女职工的身心健康，甚至是下一代的健康水平；四是企业社会保险参保率低，女职工生育补偿不到位的现象依然存在。

（4）女职工的“两癌”发病率呈低龄化趋势，因患大病导致家庭贫困的现象比较突出，迫切需要建立扶贫帮困长效机制，帮助患大病和单亲的女职工家庭走出困境。

（5）女职工技能素质整体偏低，与新时代新阶段经济社会发展需求和产业工人队伍建设改革要求不相适应。

（6）部分女职工因工作、家庭和社会竞争加剧，心理压力较大，新冠肺炎疫情暴发后，女职工心理压力加剧的现象更为突出。重视和化解“疫后综合征”，切实做好女职工心理关怀和疏导服务工作迫在眉睫。

（7）女职工因生育产生的就业难、发展难、哺乳难、孩子养育难等一系列问题仍没有得到有效解决，致使全面二孩政策难以落地。

（8）一些地方和企业工会女职工组织不健全，工作不到位，女职工利益诉求表达渠道不通畅。

面对新情况新问题，各级工会女职工组织要以高度的政治责任感研究新情况、把握新变化、正视新挑战，坚持以人为本，把切实解决女职工最关心、最直接、最现实的利益问题以及全力维护她们的合法权益和特殊利益作为一切工作的出发点和落脚点，努力当好女职工的“娘家人”。

6 如何推动工会女职工工作创新与发展？

创新是民族进步的灵魂，也是工会女职工工作永葆生机活力的源泉。面对新时代新目标新要求，各级工会女职工组织必须与时俱进，以创新求突破，以创新求发展。

（1）坚持正确的政治方向，在服务大局中求创新。紧紧围绕党和国家大局，服从服务工会工作全局，是工会女职工工作的基本原则，也是女职工工作创新发展必须把握的正确方向。习近平新时代中国特色社会主义思想和习近平关于工人阶级和工会工作的重要论述是推动新时代女职工创新发展的基本遵循和行动指南，各级工会女职工要切实学深悟透，坚决破除与新时代、新形势、新使命不相适应的思维定式和工作方法，自觉将女职工工作放到党和国家大局及工会工作全局中去认识和把握，按照党政所需、社会所求、女职工所盼、女职工组织所能的要求，找准工作定位，谋划工作思路，构筑制度载体，创新工作方法，推动女职工工作在服务大局中彰显作为、创新发展。

（2）坚持以女职工为本，在履行基本职责上求创新。切实代表和维护女职工合法权益和特殊利益，是工会女职工组织的主责主业。各级工会女职工组织要坚持将不断满足女职工对美好生活的向往作为一切工作的出发点、落脚点，坚持从实际出发，积极探索新形势下女职工维权工作的新机制、新途径和新方法；要坚持主动、科学、依法的维权观，把女职工的意愿和要求作为维权工作的重中之重；要紧紧围绕党和国家大局，坚持维护全国人民总体利益、维护女职工的合法权益和特殊利益的统一，坚持维护女职工经济利益、民主政治权利、精神文化权益和社会利益的统一；要坚持从实际出发，因地制宜、因企制宜，积极探索不同层面、不同类型、不同所有制企业女职工维权服务的有效载体和形式，以健全完善女职工权益保护专项集体合同制度为抓手，努力推动维权服务制度化、长效化、规范化，努力推动女职工维权服务工作的创新与发展。

（3）坚持与时俱进，在强化自身建设上求创新。“强三性”（政治性、先进性、群众性）、“去四化”（机关化、行政化、贵族化、娱乐化）是党对群团工作的要求，必须将其贯穿工会女职工工作创新发展的全过程。

①在理论创新上，要坚持以习近平新时代中国特色社会主义思想为指导，着眼于马克思主义工运和妇女理论的运用，着

眼于对现实问题的理论思考，着眼于新情况新问题和新实践新发展，深入研究带有全局性、战略性、前瞻性的重大问题，深入研究广大女职工关注的热点、难点问题。通过深入调查研究，及时总结基层鲜活的经验，并提炼升华为富有时代精神和指导意义的女职工工作理论，为工会女职工工作的创新发展提供理论支撑。

②在组织体制创新上，要紧紧依托工会组建，同步建立健全工会女职工组织体系，按照“哪里有女职工，哪里就要有女职工组织”的要求，最大限度地把广大女职工组织到工会中来；要坚持重心下沉，不断增强基层工会女职工组织活力，努力打造专、兼、群相结合的基层工会女职工工作干部队伍，进一步完善社会化、群众化的女职工工作格局。

③在工作方法创新上，要坚持开放思维，紧密结合女职工思想实际和生产生活实际，最大限度地整合社会资源和工会内部资源，最大限度地发挥整体优势，协调各方力量，形成有效活力，共同推进工会女职工工作；要根据女职工的意愿和要求，精心培育、努力打造切合本地区、本行业、本单位实际的女职工工作品牌，全面提升女职工工作水平和社会影响力，努力开创工会女职工工作的新局面。

7 如何加强工会女职工组织的宣传工作？

切实加强工会女职工组织的宣传工作，大力宣传党和国家有关女职工权益的方针政策、法律法规，大力宣传女职工先进典型和女职工工作创新成果，对于女职工组织全面履行职责、有效开展工作具有重要意义。促进和保障工会女职工组织的宣传工作，能为女职工工作创新发展提供理论指导、精神支持和舆论氛围。

（1）加强机制建设。一要从制度层面将女职工组织的宣传工作纳入工会宣传工作的总体部署，统一谋划、统筹安排；二要建立健全与政府相关部门和社会主流媒体的协作机制，及时沟通、资源共享、合力推进；三要创新工作思路，将宣传工作纳入女职工工作研究策划、推动落实的全过程。

（2）加强阵地建设。要从实际出发，在充分利用和巩固工会现有宣传阵地的基础上，重视加强“互联网＋”女职工宣传工作的研究和开发，加强职工书屋建设，切实发挥职工书屋文化宣传阵地作用，用好中工网、中国工会女职工工作网、《工人日报》、《中国工人》、《中国妇女报》和各地工会的报刊网络及社会主流媒体，努力构建全方位、多层次、广覆盖的女职工工作宣传格局。

（3）加强队伍建设。加强教育培训，采取有效措施引导各级工会女职工工作干部强化大局意识、宣传意识，进一步提高分析问题、解决问题和善用新媒体的能力，坚持以女职工关注的重点和热点为宣传要点，善用“网言网语”，帮助女职工释疑解惑、疏导情绪，通过舆论引导，唱响主旋律、弘扬正能量。

（4）加强载体建设。认真研究工会女职工工作的宣传规律，树立品牌意识，重视策划创意，增强宣传工作的针对性、实效性、吸引力和感染力，着力营造尊重女职工、关爱女职工和重视关心女职工工作的宣传舆论氛围，为女职工工作创新发展创造更好的环境。

8 工会女职工组织与妇联组织有何区别？

女职工是工人阶级队伍的重要组成部分，也是妇女群众的骨干力量。女职工工作是工会工作的一部分，也是妇联工作的一部分。工会、妇联在同级党委领导下，密切联系，团结合作，相互支持，相互学习，相互尊重，共同做好女职工工作。但工作的侧重点和工作方法不尽相同，其区别主要表现在以下三个方面：

（1）性质特点不同。工会女职工组织的工作对象是女职工，她们是以工资收入为主要生活来源或与用人单位建立劳动关系的女职员、女工人。而妇联是各界妇女的联合会，鲜明的阶级性是工会女职工组织与妇联组织最本质的区别。

（2）组织体制不同。女职工组织是工会全局的重要组成部分，在同级工会领导下，依照法律和章程独立自主地开展工作；而妇联组织是以性别为界的群团组织，实行地方组织和团体会员相结合的组织制度。

（3）领域分工不同。工人运动与妇女运动一直紧密相连，女职工工作既是工会工作的组成部分，也是妇女工作的组成部分，但两者在工作领域上各有侧重，对此中央早已明确。根据《中共中央办公厅关于企业女职工工作问题的答复》精神和《中国工会章程》《工会女职工工作条例》相关规定，企业女职工工作以工会为主，妇联配合，妇联不在企业建立组织；基层工会委员会通过县级以上地方工会接受妇联业务指导，妇联不直接向基层女职工委员会布置工作。

9 工会女职工组织的工作制度是什么?

（1）女职工委员会实行民主集中制。凡属重大问题，要广泛听取女职工意见，由委员会或常务委员会进行充分的民主讨论后作出决定。

（2）女职工委员会根据工作需要制定有关制度。每年召开一次至二次常务委员会和委员会会议，也可临时召开会议。

（3）工会女职工委员会要定期向同级工会委员会和上级工会女职工委员会报告工作。

（4）县以上各级工会女职工委员会要把工作重心放在基层，增强基层女职工组织的活力，为广大女职工服务。

10 如何认识工会女职工工作的意义和作用?

工会女职工工作的地位和作用，是由女职工在经济社会中的主体地位和重要作用决定的。

（1）做好女职工工作，有利于保护和调动广大女职工的积极性和创造性。随着社会主义市场经济发展和改革开放的不断深入，越来越多的女性投入社会主义现代化建设中，女职工队伍不断发展壮大，分布的领域覆盖各行各业，在我国政治、经济、文化、社会和生态文明建设中发挥着越来越重要的作用，是推动社会发展和进步的重要力量。

（2）做好女职工工作，有利于维护女职工的合法权益和特殊利益。随着经济关系、劳动关系和社会关系的发展变化，女职工队伍结构也发生了深刻变化，其利益诉求也日益千变万化、复杂多样。加之，由于特殊的生理、心理特点和社会性别歧视等诸多因素的影响，女职工在激烈的竞争中仍处于相对弱势的位置，女职工合法权益被侵害的现象时有发生。切实做好女职工工作，把广大女职工组织、凝聚到工会中来，努力实现好、维护好、发展好她们的合法权益和特殊利益，是协调稳定劳动关系、维护工人阶级团结统一的需要，也是推动经济社会全面、协调、可持续发展的需要。

（3）做好女职工工作，有利于推动男女平等基本国策的落实。男女平等和妇女发展是人类社会追求的崇高理想，是社会文明进步的重要标志，是实现可持续发展的基本目标。党的十八大以来，以习近平同志为核心的党中央从实现“两个一百年”奋斗目标和中华民族伟大复兴的中国梦的战略高度，对深入贯彻男女平等基本国策提出了新思想，作出了新部署，明确了新要求，国家和地方也相继出台了一系列法律法规和政策措施。如何将这一基本国策和相关法律法规、政策措施落实到基层，是工会女职工工作的重要内容，更是义不容辞的职责使命。

ZU ZHI JIAN SHE

第二部分

组织建设

11 我国法律法规对建立工会女职工组织有哪些规定？

工会女职工组织的建立受到法律保障。《工会法》第十一条第一款明确规定：“女职工人数较多的，可以建立工会女职工委员会，在同级工会领导下开展工作；女职工人数较少的，可以在工会委员会中设女职工委员。”这是工会女职工组织建立的法律依据，除此之外，工会内部规章也有明确而具体的规定。

《中国工会章程》第十四条规定：“各级工会建立女职工委员会，表达和维护女职工的合法权益。女职工委员会由同级工会委员会提名，在充分协商的基础上组成或者选举产生，女职工委员会与工会委员会同时建立，在同级工会委员会领导下开展工作。企业工会女职工委员会是县或者县以上妇联的团体会员，通过县以上地方工会接受妇联的业务指导。”

《工会女职工委员会工作条例》第十一条规定：“各级工会建立女职工委员会。女职工委员会与工会委员会同时建立。企业、事业单位、机关、社会组织等基层工会委员会有女会员十人以上的建立女职工委员会，不足十人的设女职工委员。”第十二条规定：“省、自治区、直辖市，设区的市和自治州，县（旗）、自治县、不设区的市总工会女职工委员会，实行垂直领导的产业工会女职工委员会，按照机构编制管理权限，经机构编制部门同意，设立办公室（女职工部）或明确女职工工作责任部门，负责女职工委员会的日常工作。乡镇（街道），村（社区），企业、事业单位、机关、社会组织，以及区域性、行业性工会联合会，开发区、工业园区工会等，应当建立女职工委员会，根据工作需要设立办公室或明确专兼职工作人员。”

12 组建基层女职工组织的基本原则是什么？

工会女职工组织建设的基础在基层，因此，要把加强基层组织的建设放在重要位置。根据《中华全国总工会办公厅关于加强工会女职工组织规范化建设的意见》，组建基层工会女职工组织的基本原则有：

（1）坚持哪里建工会，哪里有女职工，哪里就要建立工会女职工组织。深入贯彻习近平总书记关于群团组织“要大力健全组织特别是基层组织，加快新领域新阶层组织建设”的重要指示精神，以改革创新的精神推进基层工会女职工组织建设，不断扩大工会组织覆盖面、增强工会女职工组织的凝聚力，最大限度地把女职工组织到工会中来。

(2) 坚持以工建带动工会女职工组织建设，女职工组织与工会组织同时筹备、同时产生（或换届)、同时报批。按照《工会法》《中国工会章程》《工会女职工委员会工作条例》相关规定，企业、事业单位、机关和其他社会组织，有女会员十人以上的，在组建工会的同时建立女职工委员会，将工会女职工组织建设主动融入工会组建整体部署、同步推进、同步考核；并配备好相应的专（兼）职工会干部，落实好干部待遇。

（3）坚持突出重点、突破难点，着力推进非公有制企业特别是中小企业和新建企业女职工组织建设。要在巩固现有女职工组织建设成果的基础上，积极适应经济发展新常态下中小非公有制企业女职工特别是灵活就业女职工不断变化的实际需求，把非公有制经济组织、社会组织作为夯实组织基础的着力点，加快推进新领域新阶层工会女职工组织建设；针对小微企业女职工人数少，工会女职工组织组建难、发挥作用难的问题，进一步加强区域（行业）基层工会联合会特别是女职工较为集中的产（行）业工会女职工委员会建设，努力实现对小微企业的组织覆盖和工作覆盖。

（4）坚持“边组建、边规范、边发挥作用”。在基层工会组建中，不同用人单位应有不同的侧重点。机关事业单位要在巩固工会女职工组织的基础上，做好女职工关爱服务工作，增强女职工组织的凝聚力；公有制企业要结合新形势下工会女职工工作的新情况新问题，进一步创新工作，激发组织活力，更好地发挥作用；非公有制企业和新建企业应按照工会女职工组织与工会组织同时筹备、同时产生、同时报批的原则，同步建设工会女职工组织，不断建立健全各项制度，按照组织健全、机制完善、维权到位、作用明显的标准，进一步加强女职工组织规范化建设。

13 工会女职工组织机构设置是怎样的？

工会女职工组织机构大致分为全国性机构、地方性机构、产业性机构和基层组织。

（1）全国性工会女职工组织机构。全国总工会女职工委员会是在全国总工会领导下的具有民主性、代表性的全国性女职工组织。全国总工会女职工委员会委员包括各省、自治区、直辖市总工会和中央直属机关、中央国家机关工会联合会与各全国产业工会的女主席（或女副主席）或女职工委员会主任，中共中央、国家机关有关部门及全国总工会机关相关业务部门负责人，女专家学者以及基层女职工代表等，并设顾问若干人。全国总工会女职工委员会主任由全国总工会分管女职工工作的女副主席担任，副主任由全国总工会女职工部部长担任。女职工委员会下设办公室，全国总工会女职工部同时承担女职工委员会办公室的职责，由部长和副部长主持日常工作，重大问题提交女职工委员会常委会讨论决定。

（2）地方性工会女职工组织机构。地方工会女职工委员会是按照国家行政区划所建立的省（自治区、直辖市）、市、自治州、县（自治县）等地方总工会的女职工委员会。省、市级总工会女职工委员会的工作机构是同级工会的女职工部；县级工会女职工委员会根据需要设立专职或兼职的工作人员，有条件的设立女职工部，负责女职工委员的日常工作。

（3）产业性工会女职工组织机构。产业工会女职工委员会是按照同一国民经济部门或性质相近的几个国民经济部门所组建的全国性和地方性的产业工会女职工委员会。除中华全国铁路总工会、中国民航工会、中国金融工会所属女职工委员会受其产业工会领导外，地方产业工会女职工委员会以地方工会女职工委员会领导为主，同时接受上级产业工会女职工委员会的指导。

（4）基层工会女职工组织。基层工会女职工组织是指基层企业、事业单位、机关和其他社会组织的工会女职工委员会。根据《工会女职工委员会工作条例》的规定，“企业、事业单位、机关和其他社会组织等工会基层委员会有女会员十人以上的建立女职工委员会，不足十人的设女职工委员”。

14 工会女职工委员会是如何产生的?

工会女职工委员会是在同级基层工会委员会领导下和上一级工会女职工委员会指导下的女职工组织。女职工委员会组成人员，由同级工会委员会提名，由女职工、女会员或女会员代表，可通过协商推举产生女职工委员会，也可以通过选举产生女职工委员会。女职工委员会，在女职工工作领域虽有一定的领导机构性质，但从总体上看，更多的是基层工会委员会领导下的工作机构。女职工委员会向同级工会委员会负责，无须向会员大会或会员代表大会负责并报告工作。

《中国工会章程》第十四条规定：“各级工会建立女职工委员会，表达和维护女职工的合法权益。女职工委员会由同级工会委员会提名，在充分协商的基础上组成或者选举产生，女职工委员会与工会委员会同时建立，在同级工会委员会领导下开展工作。企业工会女职工委员会是县或者县以上妇联的团体会员，通过县以上地方工会接受妇联的业务指导。”

根据《工会女职工委员会工作条例》的相关规定，工会女职工委员会的产生有以下要求：

（1）各级工会建立女职工委员会。女职工委员会与工会委员会同时建立。企业、事业单位、机关和其他社会组织等工会基层委员会有女会员十人以上的建立女职工委员会，不足十人的设女职工委员。

（2）女职工委员会委员由同级工会委员会提名，在充分协商的基础上产生，也可召开女职工大会或女职工代表大会选举产生。县和县以上工会女职工委员会根据工作需要可聘请顾问若干人。注重提高女劳动模范、一线女职工和基层工会女职工工作者在工会女职工委员会委员中的比例，委员中应有新就业形态女性劳动者代表。

（3）省、自治区、直辖市，设区的市和自治州，县（旗）、自治县、不设区的市总工会女职工委员会，实行垂直领导的产业工会女职工委员会，按照机构编制管理权限，经机构编制部门同意，设立办公室（女职工部）或明确女职工工作责任部门，负责女职工委员会的日常工作。乡镇（街道），村（社区），企业、事业单位、机关、社会组织，以及区域性、行业性工会联合会，开发区、工业园区工会等，应当建立女职工委员会，根据工作需要设立办公室或明确专兼职工作人员。

（4）县和县以上工会女职工委员会常务委员会由主任一人、副主任若干人、常务委员若干人组成。

15 什么是工会女职工委员会与工会委员会组建“三同时”？

按照《中国工会章程》《工会女职工委员会工作条例》《中华全国总工会办公厅关于推进工会女职工组织和女职工权益保护专项集体合同全覆盖工作的意见》等相关规定，工会女职工委员会应与工会委员会筹备、产生（或换届）、报批“三同时”。

（1）同时筹备。在筹建工会委员会时，要同步考虑筹建工会女职工委员会。在筹建工会或筹备召开会员（代表）大会、酝酿工会委员候选人时，应根据女职工比例，推荐1～2名女职工为工会委员候选人；在会员代表大会的代表中应确定相应比例的女性代表。

（2）同时产生（或换届）。在工会委员会建立（或换届）的同时，要同步建立（或换届）工会女职工委员会。女职工委员会委员由同级工会委员会提名，在充分协商的基础上产生，也可召开女职工大会或女职工代表大会选举产生。基层工会女职工委员会委员的任期与基层工会委员会委员的任期相同，每届任期三年或者五年。工会委员会任期届满换届时，工会女职工委员会要同步进行换届。

（3）同时报批。从组建工会女职工委员会的筹备工作起，直至工会女职工委员会建立，所有的请示、报告与批复都与组建工会委员会的请示、报告与批复同步进行。

16 工会女职工委员会主任一般由谁担任？哪些人不得作为工会女职工委员会主任的候选人？

《工会女职工委员会工作条例》第十八条规定：“女职工委员会主任由同级工会女主席或女副主席担任，也可经民主协商，按照相应条件配备，享受同级工会副主席待遇。女职工委员会主任应提名为同级工会委员会或常务委员会委员候选人。”

同时，有些人不得作为工会女职工委员会主任候选人。根据《工会基层组织选举工作条例》第十一条，“单位行政主要负责人、法定代表人、合伙人以及他们的近亲属不得作为本单位工会委员会委员、常务委员会委员和主席、副主席候选人”。因此，单位行政主要负责人、法定代表人、合伙人以及他们的近亲属不得作为工会女职工委员会主任候选人。

17 有何关于工会女职工委员会任期的规定？任期内工会女职工委员调整的程序是什么？

关于工会女职工委员会任期的规定包括《工会女职工委员会工作条例》第十四条，“女职工委员会委员任期与同级工会委员会委员任期相同”。《工会法》第十六条，“基层工会委员会每届任期三年或者五年。各级地方总工会委员会和产业工会委员会每届任期五年”。因此，基层工会女职工委员会每届任期三年或者五年，各级地方总工会女职工委员会和产业工会女职工委员会每届任期五年，与同级工会委员任期相同。

根据《工会女职工委员会工作条例》第二十条，任期内工会女职工委员调整的程序是“在任期内，由于委员的工作变动等原因需要调整时，由工会女职工委员会提出相应的替补、增补人选，经同级工会委员会审议通过予以替补、增补，并报上级工会女职工委员会。”。

18 基层工会女职工委员会的工作职责是什么？

（1）贯彻落实同级工会代表大会的决议；研究确定基层工会女职工委员会的工作规划、目标任务；及时总结推广女职工工作经验。

（2）主持基层工会女职工委员会的日常工作；维护女职工合法权益和特殊利益；协助并督促行政部门贯彻有关女职工劳动保护政策和法规；协助有关部门改善女职工的生活福利设施，解决女职工后顾之忧。

（3）促进解决涉及女职工特殊利益的制度和机制建设；积极推进女职工参与单位民主管理；参与女职工劳动争议调解和仲裁工作，认真参与查处严重损害女职工合法权益和特殊利益的行为。

（4）帮助女职工提高政治思想科学文化技术素质。教育引导女职工树立自尊、自信、自立、自强精神；抓好女职工业务学习和各类岗位培训；配合有关部门抓好女职工岗位练兵和技术比武。

（5）加强调研，积极探索新时代女职工工作的新课题，不断创新与拓展女职工工作内容。

（6）协助有关部门做好女职工干部管理与培训工作。同时，会同工会有关部门和社会有关方面共同做好女职工工作。

19 基层工会女职工委员会组建和换届包括哪些流程？

工会女职工组织建设的基础在基层。基层工会女职工委员会组建（或换届）的基本程序包括：

（1）提出组建方案。在基层工会组建女职工委员会时，由基层工会委员会或工会筹备组提出组建（或换届）女职工委员会的方案。

（2）协商提名委员。与有关部门协商委员的提名，向同级党委征求女职工委员会主任、副主任、委员的提名。

（3）提出请示报告。以书面形式向同级党组织和上级工会女职工委员会提出组建（或换届）请示报告。报告的内容主要包括单位性质、女职工队伍状况、女职工委员会组建（或换届）及筹建准备情况等。上级工会女职工委员会接到报告后，要及时对筹备工作给予业务指导。

（4）选举产生女职工委员。经上级工会女职工委员会同意后，基层工会委员会或工会筹备组组织召开女职工代表大会，选举产生新一届女职工委员。

（5）上报。工会委员会在选举结束后，应以书面形式将新一届女职工委员会的选举结果报上一级工会，同时报上一级女职工委员会。

（6）宣布。在上级工会委员会批准后，新产生的女职工委员会应在女职工代表大会上宣布。

20 如何确定基层工会专职女职工工作干部的配备比例？

女职工是职工队伍的重要组成部分，根据女职工生理特点和意愿开展工作，依法表达和维护女职工的特殊权益，是工会工作的重要内容。在工会委员会中应当有女职工的代表，女职工比例较高的单位，还应提高女职工在工会委员会中的比例。设立基层专职女职工工作干部，对于充分代表女职工权益诉求，有效开展工作具有重要意义。

《工会女职工委员会工作条例》对基层专职女职工工作干部的配备提出了要求，要求达到相应规模的企业、事业单位配备专职女职工工作干部，具体见第十九条的规定：“女职工 200 人以上的企业、事业单位工会女职工委员会，应配备专职女职工工作干部。”具体人数由工会与企业或事业单位协商确定。

21 工会女职工干部应具备哪些能力素养?

《工会女职工委员会工作条例》第二十一条规定:“各级工会女职工委员会要加强对女职工工作干部的教育培养和关心关爱，提高女职工工作干部队伍的整体素质。工会女职工工作干部要坚持党的基本路线，熟悉工会业务，热爱女职工工作。”因此，工会女职工干部必须具备以下能力素养:

(1)较高的政治思想素质。始终坚持坚定正确的政治立场，保持清醒的政治头脑，不断提高政治判断力、政治领悟力、政治执行力。深化思想认识、提高政治站位，始终把工会女职工工作放到党和国家工作大局、工会工作全局中去思考和谋划，不断提高驾驭工会女职工工作和处理复杂局面的本领。

(2)较好的业务素质。认真学习国家有关法律法规和大政方针，及时跟进新的政策动向，找准与工会女职工工作的结合点;认真学习工运理论、工运历史和工运发展史，准确把握工运事业基本规律;认真学习《工会法》、《中华人民共和国劳动合同法》(以下简称《劳动合同法》)、《中华人民共和国妇女权益保障法》(以下简称《妇女权益保障法》)、《女职工劳动保护特别规定》等相关法律法规，通晓劳动就业、工资分配、社会保障、劳动安全等有关规定;熟悉妇女运动理论，了解心理、生理、教育、伦理等与女职工联系紧密的各方面业务知识。

(3)较强的责任意识。党的十九大报告指出，“增强群众工作本领，创新群众工作体制机制和方式方法，推动工会、共青团、妇联等群团组织增强政治性、先进性、群众性，发挥联系群众的桥梁纽带作用，组织动员广大人民群众坚定不移跟党走”。加强与职工群众联系是工会工作的生命线，密切联系群众是工会组织的最大优势，脱离职工群众是工会组织的最大危险。工会女职工工作者必须牢固树立群众观念，坚持群众路线，增强群众意识，站稳群众立场，始终把竭诚为群众特别是女职工服务作为一切工作的出发点和落脚点；必须具有强烈的事业心和责任感，热心、专心、安心做好工会女职工工作；必须对女职工怀有深厚的感情，尊重、理解女职工，信任、关怀女职工，倾听她们的呼声，反映她们的愿望，关心她们的生活，满腔热情地为她们办好事、做实事；能够动之以情、晓之以理、耐心说服，做好女职工思想工作；遇到歧视和侵犯女职工权益现象时，能够挺身而出，坚持原则，据理力争，依法维护女职工合法权益和特殊利益。

（4）求真务实的工作作风。求真务实的工作作风是凝聚意识、激发活力、提升工会组织凝聚力和战斗力的重要保证。工作作风不仅关系到工会女职工工作者的形象，也关系到女职工工作的效果。密切联系职工群众，保持良好的工作作风，是党对工会组织的一贯要求。新时代的工会女职工工作者必须坚定理想信念，坚定为民立场，切实转变工作作风，深入基层实际、深入职工群众，大兴调查研究之风，掌握第一手材料，认真研究问题，真抓实干，为女职工办实事、解难题，保持同女职工的密切联系，在全社会树立工会女职工工作者的良好形象。

（5）较好的心理素质。心理素质包括个人涵养和理智水平等内容。性格、涵养以及理智程度会对工作效果产生一定程度的影响。较好的心理素质，表现为在现实中具有处理各类问题的稳定情绪、镇定态度、富有亲和力的形象、具有说服力的耐心以及工作和生活中的良好行为习惯。

22 如何加强工会女职工工作者队伍建设？

工会女职工工作者队伍建设是工会女职工组织自身建设的重要内容，是做好工会女职工工作的重要保证。当前工会女职工工作者队伍的突出特点是专职人员少、兼职人员多。尤其是在基层工会中，工会女职工工作者大多身兼数职，开展女职工工作的时间难以保证，存在难履职或业务能力不强的问题，难以适应形势发展和女职工工作的新要求。为此，必须加强工会女职工工作者队伍建设，突出抓好思想理论、党性修养和专业能力建设，履行好工会女职工组织职能。

（1）不断提高工会女职工工作者的能力素养。一是加强业务能力培训。通过定期或不定期的逐级培训或委托代培，学习基础理论和业务知识、掌握法律法规和政策依据、提升工作能力和管理水平，这是提高工会女职工工作者素质的主要途径。二是加强工作实践锻炼。由于脱产学习机会有限，在工作实践中学习提高，已成为工会女职工工作者提高自身素质的重要途径。各级工会女职工组织可通过选送优秀工会女职工工作者到上级工会工作、到基层挂职锻炼等方式，提高工会女职工工作者的整体素质和工作能力。

（2）加强对工会女职工工作者的管理。一是做好干部配备工作。要坚持德才兼备、以德为先的原则，强调“信念坚定、为民服务、勤政务实、敢于担当、清正廉洁”的好干部标准，选拔热爱女职工工作、有较高理论政策水平和领导能力、具有开拓创新精神的女干部来担任女职工工作岗位。二是严格干部考核工作。应结合年度考评制度，逐步探索有效的女职工工作考核评价体系，并对思想好、作风正、业绩突出的工会女职工工作者予以嘉奖，激励女职工工作者自觉提升素质与能力。

（3）重视对工会女职工工作者的培养。一是在政治上要严格要求，把好思想品质关；二是在工作上要大胆放手，创造宽松环境；三是在生活上要关心爱护，推动落实好工会女职工工作者的待遇；四是在干部培养晋升等环节上，要做到对工会女职工工作者一视同仁，积极探索推荐和培养工会女职工工作者的有效方式和途径，推动形成有利于工会女职工工作者的成长机制。

TI SU JIAN GONG

第三部分

提素建功

23 女职工提素建功的内涵是什么?

“提素建功”是“提升素质，建功立业”的简称。“女职工提素建功工程”的内涵是，组织动员广大女职工加强学习进取，不断提高综合素质，为促进经济社会发展、实现“两个一百年”奋斗目标建功立业。为此，全国总工会女职工委员会于2010年5月制定下发了《关于实施女职工提升素质建功立业工程的意见》，明确了2010—2013年实施“女职工提素建功工程”的指导思想、目标任务和总体要求。为推动《全国职工素质建设工程五年规划（2015—2019年）》的有效落实，全国总工会女职工委员会又于2015年10月制定下发了《关于新形势下深入实施女职工提升素质建功立业工程的意见》，对新形势下深化发展“女职工提素建功工程”提出了新的要求，号召各级工会女职工组织紧紧围绕“四个全面”战略目标，大力实施“女职工提素建功工程”，着力培养知识型、技术型、创新型女职工队伍，动员广大女职工为全面建成小康社会、夺取中国特色社会主义现代化建设的伟大胜利贡献智慧和力量。

24 新时代深入实施“女职工提素建功工程”的重要意义是什么?

党的十九大描绘了决胜全面建成小康社会、夺取新时代中国特色社会主义现代化建设伟大胜利的宏伟蓝图和“两个一百年”奋斗目标，符合包括广大女职工在内的工人阶级的根本利益和共同愿望。新时代深入实施“女职工提素建功工程”的重要意义，突出表现在以下三个方面：

（1）深入实施“女职工提素建功工程”，是牢牢把握我国工人运动时代主题的重要抓手。中国工会十七大明确提出，我国工人运动的时代主题是为实现中华民族伟大复兴的中国梦而奋斗。女职工是工人阶级和妇女群众的重要组成部分，是改革开放和社会主义现代化建设的“半边天”，深入实施“女职工提素建功工程”，有利于调动广大女职工参与改革建设的积极性、主动性和创造性，汇聚同心共筑中国梦的强大力量。

（2）深入实施“女职工提素建功工程”，是大力推进我国产业工人队伍建设改革的重要举措。2017 年 2 月 6 日，习近平总书记主持召开中央全面深化改革领导小组第三十二次会议，审议通过《新时期产业工人队伍建设改革方案》，把全面提高职工队伍素质，造就一支有理想守信念、懂技术会创新、敢担当讲奉献的广大产业工人队伍作为全面深化改革，实施科教兴国、人才强国和创新驱动发展战略的重要任务。深入实施“女职工提素建功工程”，全面提升女职工队伍整体素质，着力打造适应时代发展要求，具有开拓创新能力的“三型”女职工队伍，是产业工人队伍建设改革的题中应有之义，也是工会女职工组织落实中央决策，服务工会全局，推动产业工人队伍建设改革有效落实的重要举措。

（3）深入实施“女职工提素建功工程”，是切实履行维权职责的重要体现。维护女职工合法权益和特殊利益，是工会女职工组织的基本职责。深入实施“女职工提素建功工程”，不断提升女职工思想道德、科学文化和技术技能素质，帮助女职工增强参与社会竞争，应对市场风险的能力，为她们学习成才、建功立业搭建平台，是对女职工权益最直接、最长远、最根本的维护。

25 “女职工提素建功工程”的目标任务是什么?

2015 年 10 月，全国总工会女职工委员会制定下发《关于新形势下深入实施女职工提升素质建功立业工程的意见》，明确提出了四个方面的目标任务：

（1）进一步加大女职工教育培训力度，充分发挥女职工培训阵地作用，培养和造就一支适应时代发展要求，具有开拓创新能力的高素质女职工队伍；

（2）进一步引导女职工投身劳动竞赛、技能比武、发明创造等经济技术创新活动，为推动企业科学发展建功立业；

（3）进一步创新活动载体，丰富活动内涵，打造形式多样、贴近女职工的工作品牌，搭建起女职工提升素质建功立业的服务平台；

（4）进一步弘扬劳模精神、劳动精神、工匠精神，发挥先进女职工示范带动作用，引导女职工在推动经济平稳健康发展与社会和谐稳定中彰显巾帼风采。

26 “女职工提素建功工程”主要包含哪些内容?

(1)提高女职工思想道德素质。

在女职工中广泛开展以加强社会公德、职业道德、家庭美德、个人品德为主要内容的“四德”和以自尊、自信、自立、自强为主要内容的“四自”教育活动，引导女职工自觉培育和践行社会主义核心价值观；不断深化“中国梦·劳动美——女职工在行动”主题教育活动，引导女职工把实现个人理想、岗位建功立业与实现中国梦紧密结合起来；扎实推进“培育好家风——女职工在行动”主题实践活动，引导女职工传承良好家风，发扬中华民族传统家庭美德；广泛开展面向女职工的普法宣传教育，引导女职工增强法治观念，做社会主义法治的忠实崇尚者、自觉遵守者、坚决捍卫者。

(2)提高女职工科学文化素质。

充分利用工会女职工培训示范学校、女职工周末学校、流动课堂、网络课堂等，有效整合社会教育培训资源，广泛开展科学文化知识的教育传播与普及，着力推出一批女职工教育培训精品课程，形成多层次、多渠道、开放式的女职工学习培训新格局。为女职工接受继续教育提供多样化途径，鼓励和帮助女职工提升学历层次。深入开展女职工读书活动，充分利用职工书屋，组织开展好书荐读、读书沙龙、征文、演讲等活动，引导广大女职工树立终身学习理念，激发和调动女职工不断学习、更新知识的积极性和主动性。

（3）提高女职工技术技能素质。

围绕提高女职工技术素质，推动加快经济方式转变，广泛开展女职工岗位创新技能竞赛，组织动员女职工积极参与岗位练兵、技能比赛、技术交流、合理化建议和技能培训学习，努力为女职工提升技术技能等级提供机会；推进女职工创新班组、创新团队建设，大力培植和选树“女劳模创新工作室”“女职工创新工作室”“女职工创新带头人”，总结推广女职工优秀技术创新成果，积极争取将其纳入职工创新成果评选表彰，促进女职工优秀创新成果的应用和转化，为女职工施展创新才能提供平台。

（4）提高女职工心理和体能素质。

通过心理健康知识普及宣传教育、咨询服务疏导和服务热线等多种形式，切实加强女职工心理关怀，引导女职工保持积极向上、健康阳光的心态，快乐工作、幸福生活；组织女职工参加健康有益的文体活动，引导女职工树立科学文明的健康意识，不断提升体能素质；开展女性健康和职业安全卫生知识教育培训，不断提高女职工安全意识和职业健康意识。

（5）坚持以劳模精神激励引领女职工建功立业。

以女职工“双争”竞赛活动为载体，大力弘扬劳模精神、劳动精神、工匠精神，引导女职工学赶先进、创先争优；大力培育和宣传表彰女职工先进集体和个人，用先进思想、榜样力量感召和带动广大女职工积极投身改革建设主战场，在平凡的岗位上创造不平凡的工作业绩，做新时代的追梦人。

27 什么是女职工“双争”竞赛活动？

女职工“双争”竞赛活动，是指在全国范围内组织实施的女职工“争当五一巾帼标兵”，鼓励女职工集体“争创五一巾帼标兵岗”的竞赛活动，是工会女职工组织激发女职工创新创造热情，服务经济和社会发展全局的传统工作品牌，也是工会群众性经济技术创新活动的重要内容和有效载体。

28 新形势下如何深化创新女职工“双争”竞赛活动？

（1）紧紧围绕经济社会发展目标，主动将女职工“双争”竞赛融入全国工会“建功‘十四五’、奋进新征程”主题劳动和技能竞赛中。结合本地区、本行业、本单位实际，坚持从女职工特点出发，不断创新竞赛形式，丰富竞赛内容，引导女职工积极参与生产竞赛、技术攻关、技能比武、合理化建议等群众性经济技术创新活动，激发女职工创业创新创优的热情。

（2）健全完善女职工竞赛激励机制，以劳模先进表彰为契机，大力宣传和表彰女职工先进典型，大力推进“女劳模创新工作室”“女职工创新团队”建设，以劳模先进的优秀事迹和伟大品格，引领广大女职工立足本职岗位，争创一流业绩，在平凡的岗位上施展才华抱负，实现人生价值。

（3）创新女职工竞赛方式，进一步提高竞赛活动的知识含量和科技含量，促进竞赛由“速度型”向“效益型”“智力型”转变，引领女职工在“干中学、学中练、练中比、比中创”，不断提升学习能力、创新能力、竞争能力，提高技能水平和综合素质。

29 如何组织女职工参与企业合理化建议活动?

组织动员女职工积极参与企业合理化建议活动，是工会女职工组织激发女职工创造活力的有效手段，要着力从以下几个方面加以推进：

（1）主动作为。积极参与企业合理化建议活动的组织领导、项目策划和评审、督促检查和落实的全过程，从源头上代表和维护女职工的参与权、发展权。

（2）广泛宣传。引导女职工充分认识开展合理化建议活动的目的、意义，了解参与的方法途径和程序，提高参与活动的积极性、主动性。

（3）加强督办。对于具有一定时效性的合理化建议，要及时梳理反馈，加大督查落实力度，确保不因办理不及时而失去功效，挫伤女职工工作积极性。

（4）强化激励。根据公开公正公平的原则，参与合理化建议的评审，并根据评审结果，对为企业节能降耗、创造价值提出合理化建议者，给予一定的精神和物质奖励，也可以将合理化建议成果纳入女职工“双争”评选表彰范畴，使企业合理化建议活动永葆生机活力。

30 如何组织开展女职工读书活动?

女职工读书活动，是女职工素质提升的重要内容和有效形式，要从女职工的实际需要出发，组织开展不同形式的读书活动，通过读书征文、讨论交流、演讲竞赛、好书推荐和举办读书会、成果发布会等多种形式，引导女职工多读书、读好书，培养良好的阅读习惯和生活方式，营造积极向上、清新高雅、健康文明的学习氛围，以女性阅读影响和带动孩子阅读、家庭阅读，推动全民阅读；要精心组织、广泛发动，将女职工读书活动与女职工“双争”竞赛、好家风培育、“女职工关爱行动”和创建学习型个人和组织等活动有机地结合起来，与女职工学习成才、岗位建功有机地结合起来，使读书活动有主题、有目标、有特色，成为女职工素质提升的工作品牌；要充分利用工会内外多种宣传手段，广泛宣传女职工读书活动，培育选树女职工读书成才的先进典型，引领广大女职工牢固树立阅读力就是学习力、竞争力、幸福力的理念，激励越来越多的女职工加入读书行列，成长为知识型职工。

31 如何开展女职工主题教育活动?

主题教育活动，是职工思想政治引领的重要方式。工会女职工组织要以高度政治责任感，围绕党和国家大局及工会工作全局要求，通过主题报告会、专题培训班及女职工周末学校、网络课堂和报刊电视等多种宣传形式和阵地，在广大女职工中深入开展主题教育实践活动，引领女职工听党话、跟党走，在思想政治上始终同以习近平同志为核心的党中央保持高度一致；要将培育践行社会主义核心价值观融入女职工教育培训工作全过程，渗透到女职工日常工作、学习和生活各方面，引导女职工把实现个人理想、岗位建功与实现“中国梦”紧密结合起来，以“劳动美”成就“中国梦”；要紧紧抓住“三八”“五一”“国庆”和建党一百周年等重要时间节点和重大节庆活动，在女职工中开展党史、国情和我国工人运动史、社会主义发展史等系列教育活动，引导女职工进一步坚定理想信念，听党话、跟党走。

32 如何认识新形势下做好女职工心理关怀工作的重要意义?

女职工心理关怀工作，充分体现以人为本的执政理念，是工会女职工组织服务大局、彰显特色，维护女职工身心健康权益的重要载体和有效形式。

（1）做好女职工心理关怀工作，有利于帮助女职工化解工作、家庭和社会竞争带来的心理压力，激发女职工的心理活力，培育自尊自信、理性平和、积极向上的社会心态，充分发挥女职工在推动经济社会发展和家庭文明建设中的重要作用。

（2）做好女职工心理关怀工作，有利于突出问题导向，以积极有效的干预手段，帮助女职工消除内心的不和谐因素，提高应对各种矛盾和风险的能力，促进劳动关系、社会关系、家庭关系的和谐稳定。

（3）做好女职工心理关怀工作，有利于顺应在新的历史时期，女职工队伍发展的深刻变化和女职工利益诉求多样化的特点，推动工会女职工工作的不断创新，将女职工工作真正落实到女职工的心上，将女职工群众更加紧密地团结在党的周围，巩固党的阶级基础和执政基础。

33 工会女职工组织推动家庭文明建设的主要载体是什么？

家庭是社会的细胞、国家的基石，是培育和弘扬社会主义核心价值观的重要基础。女职工是家庭建设的贡献者和受益者，在创建和谐文明家庭中具有举足轻重的作用。

2015 年 7 月，全国总工会女职工委员会制定下发《关于开展“培育好家风——女职工在行动”主题实践活动的通知》明确将培育好家风作为促进家庭文明建设的切入点，把深入开展“培育好家风——女职工在行动”主题实践活动，作为工会推动家庭文明建设的主要工作载体。自此，“培育好家风——女职工在行动”活动在全国范围蓬勃展开，成为工会女职工组织服务大局的又一工作品牌。

34 “培育好家风——女职工在行动”主题实践活动的主要内容是什么?

（1）开展宣传教育引导活动。通过多种形式深入学习贯彻习近平总书记关于“注重家庭、注重家教、注重家风”的系列重要讲话精神，引导广大女职工自觉践行社会主义核心价值观，发扬中华民族传统家庭美德，以良好的家风支撑良好的社会风气；围绕夫妻和睦、尊老爱幼、科学教子、邻里互助等主要内容，通过举办大讲堂、专题讲座、报告会、交流会等，对广大女职工进行教育培训引导，大力传播好家风、好家训，宣传中华民族家庭美德和良好家风的时代内涵，传授交流培育好家风的经验和知识，以科学方法引导女职工培育良好家风，建设和谐家庭；将好家风教育培训内容纳入女职工教育培训体系，提升女职工培育良好家风的能力和素养。

（2）开展家庭文化建设活动。将深入开展女职工读书活动与“培育好家风——女职工在行动”主题实践活动有机结合起来，引导广大女职工勤读书、善读书、读好书，把读书活动引入家庭，促进家庭成员一起读书。通过举办以家庭为单位的读书征文、演讲比赛、经典诵读等系列活动，全面提升家庭成员的综合素质，倡导家庭健康向上的学习理念和科学文明的生活方式；抓住国际家庭日、世界读书日和中华民族传统节日等重要节点，开展针对性强、具有鲜明特色的职工家庭文化建设活动，推动社会主义核心价值观深植女职工家庭。根据不同家庭特点，开展家庭助廉洁、家庭促安全、家庭创文明等活动。

（3）开展先进典型展示活动。将“好家风培育”纳入女职工表彰范畴，及时发现、充分挖掘培育好家风的先进典型。大力宣传女职工在弘扬家庭美德、体现文明风尚、诠释幸福内涵等方面的突出事迹和感人精神，引领广大女职工充分发挥在社会生活和家庭生活中的独特作用；运用各种媒体开展宣传展示活动，通过多种形式，加大对培育好家风先进典型的宣传展示力度，鼓励女职工讲好家风故事、亮好家风格言、晒好家风照片、秀好家风梦想，营造人人崇尚好家风、共同培育好家庭的浓厚社会氛围。

35 全国先进女职工集体和个人评选表彰有哪些奖项？评选条件是什么？

全国先进女职工集体和个人评选表彰的奖项包括：

（1）全国先进女职工集体。

全国五一巾帼标兵岗、全国五一巾帼奖状（同时授予“全国五一劳动奖状”和“工人先锋号”荣誉称号）。

（2）全国先进女职工个人。

全国五一巾帼标兵、全国五一巾帼奖章（同时授予“全国五一劳模奖章”）。

每两年评选表彰一次全国先进女职工集体和个人。

全国先进女职工集体和个人评选条件包括：

（1）全国五一巾帼标兵岗。

以车间、科室、班组为评选单位，其中女职工比例不少于60%，主要负责人为女性，在企业生产一线或在科技、教育、文化、卫生、体育等社会事业发展、国家重大工程建设和重大科技专项推进等方面作出突出贡献的先进集体。

（2）全国五一巾帼标兵。

具备良好的职业道德和较高的业务水平，政治立场坚定、爱岗敬业、勇于创新，直接从事生产、教育、文化、卫生、体育和科研等一线工作，在推进国家重大工程或重大科技专项、自主创新、爱心帮扶、维护社会稳定、增进民族团结等方面作出突出贡献的先进个人。

（3）全国五一巾帼奖状。

模范执行党的路线方针政策，严格遵守国家法律法规，具有积极向上的团队精神和良好的职业道德风貌，坚持科学发展，立足自主创新，注重资源节约，维护社会安定有序，在女职工提升素质、建功立业活动中成绩优异，为推进社会主义经济、政治、文化、社会、生态文明和党的建设作出重大贡献。全国五一巾帼奖状从全国五一巾帼标兵岗中产生，原则上具有省（部）级表彰的荣誉基础（女职工比例不少于80%）。

（4）全国五一巾帼奖章。

拥护党的路线方针政策，政治坚定、思想先进，遵纪守法、道德高尚，积极参加女职工提升素质、建功立业活动，爱岗敬业、勤奋学习，锐意进取、艰苦奋斗，服务人民、奉献社会，在本职岗位上取得突出业绩、作出重大贡献。全国五一巾帼奖章从全国五一巾帼标兵中产生，原则上具有省（部）级表彰的荣誉基础。

36 全国先进女职工集体和个人推荐评选程序有哪些？

（1）由所在单位民主推荐候选集体和个人，工会女职工委员会进行评审，工会和申报单位逐级审核，经所在单位纪检组织同意，并在所在单位进行公示，签署意见后，报所在市（地、州、盟）级工会。申报全国五一巾帼奖状的单位，须经工商、税务、劳动保障、安全监察、环境保护、人口计生等部门审查同意。

（2）市（地、州、盟）级工会在充分听取各方意见基础上，对候选集体和个人进行审查，报省级工会审核。省级工会审核同意后，报全国总工会女职工委员会办公室。

（3）中华全国铁路总工会、中国金融工会、中国民航工会推荐全国五一巾帼标兵岗、标兵候选者，要逐级审核同意，并在所在单位进行公示，签署意见后，报全国总工会女职工委员会办公室。

（4）全国总工会女职工委员会办公室负责评选工作的组织实施。

关于全国五一巾帼标兵岗、全国五一巾帼标兵的审批规定如下：

上报单位按照评选条件和全国总工会分配名额（依据女职工人数、经济社会发展水平、工会女职工工作成效等）等额上报推荐人选。全国总工会女职工委员会办公室对上报材料进行审核，报全国总工会书记处审定。

关于全国五一巾帼奖状、全国五一巾帼奖章审批规定如下：

各省（区、市）总工会严格按照评选条件推荐全国五一巾帼奖状、全国五一巾帼奖章候选者各1名，经充分酝酿，产生10个全国五一巾帼奖状、10名全国五一巾帼奖章获得者建议名单，报全国总工会书记处审定，结果在中华全国总工会网站、《工人日报》进行5天公示。

WEI QUAN FU WU

第四部分

维权服务

37 女职工权益包含哪些内容?

女职工权益包含女职工合法权益和特殊利益。女职工的合法权益是指女职工除享受《中华人民共和国宪法》(以下简称《宪法》)及其他法律规定的公民、职工应当享受的同等权益外，还享受国家对妇女和女职工规定的其他各项权益。女职工的特殊利益是指女职工除享受国家规定的妇女应享有的合法权益外，还享受国家针对女职工生理、心理特点以及抚育子女的特殊需要而制定的相关特殊保护措施。依法维护女职工合法权益和特殊利益，切实保障女职工在国家政治、经济和社会生活中的平等地位和各项权益，是党和国家的一贯政策，也是全社会的责任，更是工会女职工组织的基本职责。

38 维护女职工权益的法律依据有哪些?

依法对女职工权益实行保护，是世界各国普遍的做法。目前，我国已经基本形成了以《宪法》为依据，以《妇女权益保障法》为基准，由若干法律、行政法规、地方性法规、行政规章等组成的妇女权益保障法律体系，为依法维护包括女职工在内的妇女权益提供了有效的保障。《宪法》对妇女权益作出原则性规定，《妇女权益保障法》从政治、文化、劳动和社会保障、财产、人身、婚姻家庭六个方面强化了妇女包括女职工的合法权益的保障，《中华人民共和国劳动法》（以下简称《劳动法》）、《劳动合同法》、《中华人民共和国就业促进法》（以下简称《就业促进法》）对保障妇女劳动就业权益作出明确规定，《中华人民共和国社会保险法》（以下简称《社会保险法》）规定了女职工生育保险及其待遇，《女职工劳动保护特别规定》是保障女职工劳动保护特殊权益的一部专门法规，其附录《女职工禁忌从事的劳动范围》对女职工及经期、孕期、哺乳期女职工禁忌从事的劳动范围作出明确规定。除此之外，《中华人民共和国民法典》《中华人民共和国母婴保健法》《中华人民共和国义务教育法》《中华人民共和国治安管理处罚法》《中华人民共和国反家庭暴力法》等法律法规中均有保护女职工合法权益和特殊利益的规定。

39 女职工有哪些合法权益？

根据《妇女权益保障法》，国家保障妇女享有与男子平等的政治权益、文化教育权益、劳动和社会保障权益、财产权益、人身权益、婚姻家庭权益。政治权益是指妇女参与政治的权利和依法享有的利益。文化教育权益是指妇女依法享有的接受教育的权利和从事文学、艺术、科学技术和其他文化活动的权利。劳动和社会保障权益是指妇女依据《劳动法》享有的劳动权利和获取社会保障的权利。财产权益是指妇女享有的以财产利益为内容、直接体现某种经济利益的权益。人身权益是指妇女依法享有的与自身不可分离的、没有直接财产内容的民事权利，包括人身自由权、生命健康权、名誉权、荣誉权、隐私权、肖像权等。婚姻家庭权益是指妇女在婚姻、家庭中所享有的法律规定的权益。对女职工而言，劳动与社会保障权益是重点。

40 女职工享有哪些劳动权益?

女职工的劳动权益是指女职工依据国家劳动法律法规所享有的与男职工平等的劳动权利和利益，主要包括平等就业和选择职业的权利、取得劳动报酬的权利、休息休假的权利、获得劳动安全卫生保护的权利、接受职业技能培训的权利、享受社会保险和福利的权利、提请劳动争议处理的权利以及法律规定的其他劳动权利。维护女职工的劳动权益，主要体现在依据《劳动法》规定，维护女职工的各项劳动经济权利，配合和监督企业做好保障女职工各项权益措施的实施和落实。

41 女职工有哪些特殊利益?

女职工特殊利益是指女职工除享受国家规定的妇女应享有的合法权益外，还享受国家针对女职工生理特点、体力状况、社会角色等，对女职工在劳动过程中所给予的特别保护。这种特殊保护基于三方面的考虑：一是男女两性在生理上的差别，决定了女职工不宜从事重体力劳动，在特殊生理时期需要特殊保护；二是女职工承担着社会物质生产任务和人口再生产的使命，双重社会角色导致女职工比男职工承受着更多的生理和心理压力；三是现实生活中还存在一定程度的性别歧视现象，女职工权益被损害的情况还时有发生。女职工特殊利益主要包括不得安排女职工从事禁忌劳动、女职工“四期”（经期、孕期、产期、哺乳期）特殊劳动保护等。在一些地方性法规中，“四期”保护已经拓展到“六期”的范畴，在原有“四期”的基础上增加了备孕期和更年期，体现了对女职工的尊重与关爱。

42 如何做好女职工维权工作?

工会组织维护女职工合法权益和特殊利益主要通过以下四个方面来实现：

（1）注重源头参与，建立女职工维权工作机制。

在宏观层面，工会组织要积极参与涉及女职工权益法律法规的制定与完善，推动和促进涉及女职工权益的法律法规纳入国家和地方的立法规划；通过工会组织中的人大代表、政协委员等多种途径，积极反映女职工权益方面的突出问题，提出建议；从理论和实践的结合上认真研究和把握劳动就业、社会保障、劳动保护等方面问题，积极做好源头参与和宏观维护。在微观层面，工会组织要积极参与平等协商和签订集体合同工作，将女职工特殊权益的具体内容纳入集体合同，积极创造条件，签订保障女职工特殊利益的专项集体合同、集体合同专章或附件；在推行职工代表大会制度中，要体现保障女职工参与民主决策、民主管理、民主监督的权利，坚持职工代表大会中有一定名额和比例的女职工代表，积极征集涉及女职工权益的突出问题提交大会讨论；积极参与涉及女职工权益的劳动争议调解和仲裁工作。

（2）开展调查研究和法律监督，推动法律法规的贯彻落实。

对于有关法律法规的贯彻落实，工会组织要进行调查研究，及时准确地反映情况和问题，并在此基础上运用法律武器维护女职工的权益。工会组织要密切关注、积极跟进每一个时期女职工最关心、反映最强烈的问题。要根据具体情况确定调研重点，对于重大问题的处理，应协同有关部门进行专题调查，并将情况、问题和建议及时向党委和政府反映。工会组织要加强与政府、行政部门的沟通与合作，并主动配合人大、政协及有关部门开展执法检查，对于检查中发现的问题，要督促政府有关部门予以解决，督促违法用人单位进行整改，杜绝侵权现象的发生。要将女职工权益维护工作纳入工会群众性法律监督网络体系，与司法监督、行政监督和社会舆论监督结合起来。要通过开展联合调查、开设女职工维权热线等方式，对侵害女职工权益的行为进行监督，推动各项法律法规的落实。要认真参与对侵害女职工权益重大案件的查处，旗帜鲜明地为受害女职工伸张正义。同时，要加大向全社会宣传女职工权益保障法律法规的力度，不断优化维护女职工权益的法治环境，提高包括党政领导干部、工会干部、用人单位管理者、女职工等在内的全社会成员对保护女职工权益法律法规的认知程度。

（3）提高女职工的法律意识，增强女职工自我维权的能力。

在现实工作和生活中，一些女职工不知法、不懂法、缺乏自我保护的意识和能力，是其权益受到侵害时无法自我维权的原因之一。各级工会女职工组织必须把加强对女职工的普法教育作为一项重要工作内容，加大力度，采用多种方式向女职工宣传法律知识，增强女职工的法治观念，使广大女职工不仅自觉遵守国家的法律法规和用人单位的规章制度，而且同时了解法律法规所赋予自己的权利。广大女职工只有掌握了法律武器，才能够依法维护自身的合法权益，自觉地与侵害自身权益的现象作斗争，并有利于形成群众监督机制。

（4）整合社会资源，共同做好维护女职工权益工作。

维护女职工合法权益和特殊利益是一项复杂的社会系统工程，是全社会的共同责任。做好女职工维权工作不能只依靠单个组织或部门，而需要党组织的重视和领导，政府的作为，各级人大的立法和监督，政协的关注与督促，新闻媒体的宣传与干预，公检法、人社、民政、教育、工会、妇联等部门和群众团体各司其职、通力合作，以及全社会的广泛参与和支持。各级工会女职工组织在履行职责的同时，要加强与社会各方面的沟通、联系和配合，借助社会各方面的力量和资源，协调内外关系，积极探索社会化维权的新方式、新途径、新举措，推动并逐步形成党委领导、政府重视、各方支持、工会运作、女职工参与的工作格局，使工会女职工组织的维权力量不断加强、领域不断拓展，使女职工的合法权益和特殊利益得到切实保障。

43 “女职工关爱行动”的对象主要有哪些？

2011 年 3 月，全国总工会正式启动实施“女职工关爱行动”，主要针对在各级困难职工帮扶中心建立档案、经日常救助后仍然生活困难的女职工，特别是单亲困难女职工和女农民工开展帮扶救助。对于家庭人均收入低于当地城镇居民最低生活保障线的女职工，以及家庭人均收入略高于当地城镇居民最低生活保障线，但因下岗失业、重大疾病、子女教育、意外灾难等原因产生家庭生活困难的女职工，要做好帮扶救助工作。

44 “女职工关爱行动”包括哪些内容？

“女职工关爱行动”立足于工会女职工组织的职能，坚持以女职工需求为导向，依托各级职工服务（帮扶）中心，不断创新服务方式、拓宽服务领域，围绕困难帮扶、职业健康、就业服务、子女助学、心理关怀、婚恋服务等六个方面，有针对性地开展帮扶服务，扎扎实实地为女职工办实事、办好事、解难事。

（1）困难帮扶。以单亲困难女职工、女农民工、重病重灾女职工、失独女职工为重点，通过姐妹献爱心、“三八”助单亲、帮失独、结对帮扶等具有针对性的帮扶活动，对因病或其他特殊困难原因致困的女职工开展生活、医疗等救助，力争实现对在档困难女职工帮扶的全覆盖、无遗漏。

（2）职业健康。针对职业危害导致的妇科疾病，推动在女职工人数较多、职业病危害严重的特定行业和企业开展女职工职业病检查，在困难企业女职工中开展“两癌”等妇科疾病检查。开展女职工劳动卫生、职业安全、健康保健知识教育培训，提高女职工的健康意识和自我保护能力。

（3）就业服务。依托工会系统开展的就业援助月、民营企业招聘周、阳光就业、技能培训促就业等活动以及各级职工服务（帮扶）中心和工会女职工培训示范学校，加强对女职工的就业援助、职业技能培训、就业信息服务和用工推介，促进女职工稳定就业和高质量再就业。

（4）子女助学。积极主动地将困难女职工子女纳入工会“金秋助学”活动，依托工会整体推进。以九年制义务教育阶段的单亲困难女职工子女、女农民工子女为重点，开展多种形式的助学和慰问活动，着力推动解决困难女职工子女就学难问题。

（5）心理关怀。通过流动课堂、心理咨询、心理辅导、心理健康服务热线、发放知识手册、培养工会女职工心理援助志愿者队伍等形式，深入开展“心理援助进企业”活动，对女职工开展心理抚慰和心理疏导等服务，不断提升女职工的心理健康水平。

（6）婚恋服务。针对单身女职工婚恋难问题和婚恋观多元化特点，加强对女职工的婚恋服务，引导女职工树立正确的人生观、择偶观。通过举办鹊桥会、搭建交友平台、开展联谊活动等形式，为单身女职工解决婚恋问题提供多样化服务，帮助单身女职工解决后顾之忧。

45 “女职工关爱行动”的工作要求是什么？

全国总工会女职工委员会于 2011 年 3 月正式启动实施“女职工关爱行动”，每年确定工作重点，提出工作要求，各级工会女职工组织按照全总女职委的要求逐步推进，努力把“女职工关爱行动”打造成党政满意、女职工欢迎、社会认可的工作品牌。

（1）各级工会要进一步提高对开展“女职工关爱行动”重要意义的认识，切实加强组织领导，精心策划，周密布置，注重工作成效。

（2）各省（区、市）总工会女职工委员会要按照全总女职委每年确定的实施重点，认真研究本年度拟开展的活动内容，制定具体实施方案和奖金使用计划，并将计划实施情况报送全总女职工委员会办公室。

（3）有条件的地方可通过工会拨款、社会资助、多方筹措资金等，为开展活动提供一定的配套奖金，争取为更多的困难女职工提供服务。

（4）充分运用社会各新闻媒体和社会宣传阵地等平台，集中力量、集中时段，广泛造势宣传，不断扩大影响力，全力打造工作品牌，为困难女职工营造良好的社会氛围。

46 什么是男女同工同酬？

1953 年 12 月 16 日，中共中央通过了《关于发展农业生产合作社的决议》，明确提出男女同工同酬的概念，男女劳动力应该按照工作的质量和数量，实行同样的报酬的原则，男女应一视同仁。1954 年 9 月召开的第一届全国人大一次会议将男女同工同酬正式写入《宪法》。《宪法》第四十八条第二款规定："国家保护妇女的权利和利益，实行男女同工同酬，培养和选拔妇女干部。"根据《劳动部关于〈中华人民共和国劳动法〉若干条文的说明》，同工同酬是指用人单位应当对从事同种工作、付出等量劳动且取得相同成绩的劳动者，支付相同的劳动报酬。因此，如果男女职工从事同样的工作内容，付出了同样的劳动并取得了相同的工作业绩，就应该支付同样的劳动报酬，否则就违反了同工同酬原则。

47 什么是职业发展机会平等？

职业发展机会平等主要包括平等的职业培训机会、平等的晋升机会和平等的评优、奖励机会三个方面。《妇女权益保障法》第二十五条规定："在晋职、晋级、评定专业技术职务等方面，应当坚持男女平等的原则，不得歧视妇女。"

平等的职业培训机会是指男女职工享有平等的接受职业培训的权利。用人单位应按照客观公正的标准，选择有资格的职工参与职业培训，为所有男女职工提供培训和发展的机会。培训内容应打破传统男女角色定型。不同性别培训费用比例应与职工工资总额性别比相适应。

平等的晋升机会是指男女职工在晋职、晋级、评定专业技术职务等方面享有平等的权利。用人单位应公开晋职、晋级、职称评定的信息与条件，严格以职工个人的能力和业绩为标准，不应有任何性别歧视和偏见。

平等的评优、奖励机会是指男女职工在用人单位的评比活动中享有平等的被评选为优秀及获得奖励的权利。用人单位的各项评比制度应公开公正，男女职工不应因性别受到不公正对待。

48 保障女职工平等就业权的法律规定有哪些？

女职工的平等就业权是《宪法》的男女平等原则在劳动就业领域的具体体现，是指女性享有与男性同样的就业机会、就业条件和劳动待遇。近年来，我国出台多部法律法规，用以保护女职工的平等就业权，已经形成了以《宪法》为总纲，以《妇女权益保障法》《劳动法》《就业促进法》《女职工劳动保护特别规定》《中国妇女发展纲要》以及相关地方性法规、规章为支撑的保障女性平等就业权的法律体系和政策措施，积极创造公平的就业环境，消除就业歧视。其主要内容包括：

（1）就业机会平等。用人单位在发布招聘广告、面试、招收、录用、工作安排以及劳动合同解除等方面应平等地对待劳动者，不得基于性别、年龄、婚育状况等因素对劳动者进行不合理的差别对待。

《劳动法》第十三条规定："妇女享有与男子平等的就业权利。在录用职工时，除国家规定的不适合妇女的工种或者岗位外，不得以性别为由拒绝录用妇女或者提高对妇女的录用标准。"《妇女权益保障法》第二十三条第一款规定："各单位在录用职工时，除不适合妇女的工种或者岗位外，不得以性别为由拒绝录用妇女或者提高对妇女的录用标准。"如果用人单位在招录女职工时存在性别歧视的行为，根据《就业促进法》第六十二条规定，女职工可以向人民法院提起诉讼。

（2）薪酬待遇平等。即同工同酬，根据《劳动部关于〈中华人民共和国劳动法〉若干条文的说明》，同工同酬是指用人单位应当对从事同种工作、付出等量劳动且取得相同成绩的劳动者，支付相同的劳动报酬。因此，如果男女职工从事同样的工作内容，付出了同样的劳动并取得了相同的工作业绩，就应该支付同样的劳动报酬，否则就违反了同工同酬原则。

我国《宪法》明确了男女平等的基本国策，其中第四十八条第二款规定："国家保护妇女的权利和利益，实行男女同工同酬，培养和选拔妇女干部。"《劳动法》第四十六条第一款规定："工资分配应当遵循按劳分配原则，实行同工同酬。"《妇女权益保障法》第二十四条规定："实行男女同工同酬。妇女在享受福利待遇方面享有与男子平等的权利。"第五十二条规定："妇女的合法权益受到侵害的，有权要求有关部门依法处理，或者依法向仲裁机构申请仲裁，或者向人民法院起诉。”因此，当女职工发现用人单位存在男女职工同工不同酬现象，可以向用人单位提出改正要求，或者向劳动行政部门投诉、举报，要求查处用人单位的违法行为，也可以向劳动争议仲裁委员会申请仲裁，要求补足工资差额。

（3）职业发展机会平等。主要包括平等的职业培训机会、平等的晋升机会和平等的评优、奖励机会三个方面。

《妇女权益保障法》第二十一条规定：“国家机关、社会团体和企业事业单位应当执行国家有关规定，保障妇女从事科学、技术、文学、艺术和其他文化活动，享有与男子平等的权利。”第二十五条规定：“在晋职、晋级、评定专业技术职务等方面，应当坚持男女平等的原则，不得歧视妇女。”第二十七条第二款规定：“各单位在执行国家退休制度时，不得以性别为由歧视妇女。”一些地方性法律法规也有职业发展机会平等的相关规定，比如，《江苏省妇女权益保障条例》第十二条第二款规定：“女职工比例较高的企业事业单位应当有一定数量的女性管理人员。”第十三条第一款规定：“国家机关、社会团体、企业事业单位应当重视培养、选拔女性领导人员和管理人员。”第二十七条规定：“任何单位不得强迫女职工提前退出工作岗位休养。对具有高级专业技术职称女性的退休年龄和待遇应当执行国家的有关规定。县级以上地方人民政府及其有关部门应当重视其合法权益。”

49 工会组织如何指导非公企业女职工签订劳动合同?

劳动合同是劳动者与用工单位之间确立劳动关系，明确双方权利和义务的协议。它是建立规范有效劳动关系的重要载体，也是减少和预防发生劳动争议的重要措施。对劳动者而言，劳动合同是劳动者实现劳动权益的重要保障；对用人单位而言，劳动合同是用人单位合理使用劳动力、巩固劳动纪律、提高劳动生产率的重要手段。

根据《工会法》《劳动法》《劳动合同法》等相关法律法规，工会应当帮助、指导劳动者与用人单位依法订立劳动合同。为更好地维护女职工的合法权益，工会在指导女职工签订劳动合同时应该注意以下几个方面：

（1）要及时订立书面劳动合同。用人单位自用工之日起即与劳动者建立劳动关系。建立劳动关系，应当订立书面劳动合同。已建立劳动关系，未同时订立书面劳动合同的，应当自用工之日起一个月内订立书面劳动合同。

（2）要签订规范的劳动合同。女职工在与用人单位签订劳动合同时，最好使用人社部门监制的劳动合同范本。如果是用人单位已经制定好的格式合同，要认真阅读，确认其中的重要条款，比如劳动合同期限、工作内容和工作地点、工作时间和休息休假、劳动报酬、社会保险、劳动保护、劳动条件和职业危害防护等涉及自身重大利益的内容。

（3）要关注女职工特殊保护相关内容。用人单位在与女职工签订劳动合同时要告知以下内容：本单位属于女职工禁忌从事劳动范围的岗位；本单位属于女职工在经期、孕期、哺乳期禁忌从事劳动范围的岗位；本单位女职工劳动保护制度；所从事岗位工作可能产生的职业病危害及其后果；所从事岗位的职业病防护措施和待遇；从事接触职业病危害作业的劳动者，应当享有的适当岗位津贴；法律、法规、规章规定应当告知女职工的其他事项。

50 女职工解除或终止劳动合同要注意哪些问题？

劳动合同的解除，是指当事人双方提前终止劳动合同的法律效力，解除双方的权利义务关系。劳动合同的终止，是指劳动合同关系自然失效，双方不再履行。女职工在与用人单位解除或终止劳动合同时，除了要与男职工一样关注解除与终止的事由程序是否合法外，还要注意以下内容：

（1）是否存在不能解除或终止的情形。根据《劳动合同法》相关规定，“女职工在孕期、产期、哺乳期”的，用人单位不能依据无过错解除（《劳动合同法》第四十条规定之情形）和经济性裁员（《劳动合同法》第四十一条规定之情形）与女职工解除劳动合同，必须待女职工“三期”届满方可办理解除或终止手续。

（2）“三期”女职工的社会保险是否足额缴纳。用人单位被吊销营业执照、责令关闭、撤销或者用人单位决定提前解散的，劳动合同终止，劳动者可能面临失业的风险。因此，劳动者除了可以向用人单位要求支付经济补偿，还应关注自身的社会保险是否足额缴纳，否则可能在失业后无法享受失业保险待遇。而对“三期”女职工而言，欠缴社会保险还可能导致其生育保险待遇无法享受，导致经济困难。因此，企业在解散、破产过程中，对处于孕期、产期、哺乳期女职工的生育保险费应当预提留。用人单位欠缴或未缴生育保险费，导致女职工无法享受生育保险相关待遇的，应由用人单位依法一次性支付。

51 什么是女职工劳动保护?

劳动保护是指为了保障劳动者在生产劳动过程中的安全与健康，依靠技术进步和科学管理，在法律、制度、组织管理、教育培训、技术、设备等方面采取的一系列综合措施的总称。其目的是消除劳动过程中危及人身安全和健康的不良条件与行为，防止伤亡事故和职业病，保障劳动者在劳动过程中的安全和健康。

女职工劳动保护是指除了对男女职工都适用的具有普遍意义的职业安全保护外，为了切实保护女职工在劳动中的安全与健康，减少和解决女职工在劳动中因生理特点产生的特殊困难，针对女职工身体结构、生理机能特点以及生育、哺乳、教育子女的需要和劳动条件、劳动场所有害因素对其身体健康的特殊影响，在工作时间、休息休假、劳动安全卫生等方面所进行的特殊保护。它主要研究生产过程中劳动条件对女职工身体健康的影响，防止职业有害因素对女性生理机能的影响，保证女性能够健康持久地从事生产劳动，育龄女职工能够孕育健康的下一代。

52 女职工劳动保护的主要内容是什么？

根据国际劳工组织的相关资料以及我国法律法规的相关规定，女职工劳动保护包括四个方面的内容：

（1）保护母性，在妇女生理机能变化期间，实施特殊保护，一般是指“四期”保护，即女职工的经期、孕期、产期、哺乳期的劳动保护。

（2）规定女职工的工作时间，如对孕妇、乳母禁止延长劳动和安排夜班劳动的相关规定。

（3）禁止女职工从事危险有害作业，如规定女职工禁忌劳动范围。

（4）女性与男性有同等的就业机会，实行男女同工同酬。

53 为什么要加强女职工劳动保护工作？

（1）改善劳动条件，保护劳动者在生产劳动过程中的安全与健康，是党和国家的一贯政策。

（2）女性生理机能的特点决定了必须对女职工进行劳动保护。女性同男性有不同的生理特点，在身体结构、生理机能及对环境因素的敏感性等方面都与男性有很大差异，劳动强度过大或有毒有害作业等都会直接损害女职工的身体健康。这就要求安排女职工的工作时，要注意女职工的生理特点，不得让女职工从事过于繁重的、有害女性生理机能的工作。

（3）为了保护母亲和下一代的健康，必须对女职工进行劳动保护，女职工劳动保护关系下一代的健康，关系中华民族整体素质。女职工一方面担负着经济建设的重任；另一方面还承担着人类自身再生产的社会责任，担负着孕育后代的天职。保护女职工的安全与健康，不仅是保护女职工本人，也是保护子孙后代，是一项造福于民族、造福于人类的社会责任。

（4）女职工劳动保护是保护和调动女职工劳动积极性，促进国民经济可持续发展的需要。做好女职工劳动保护有利于保护女职工的劳动能力，促进其平等就业，对于激发女职工参与经济建设的积极性、创造性，提高劳动生产率具有积极的推动作用。

54 什么是女职工禁忌劳动范围?

女职工禁忌劳动范围是指为保护女职工身心健康及其子女的正常发育和成长，法律明确规定女职工不能从事或在生理特殊时期不能从事的劳动范围。因为女性特殊的生理机能，某些职业危害因素不仅影响女性自身的身心健康，还会影响到孕产期女职工的健康，从而对胎儿、婴幼儿的生长发育产生影响。因此，需要明确规定女职工禁忌劳动范围，保护女职工免受职业病危害，尤其是保护女性生理特殊时期的健康。

根据《女职工劳动保护特别规定》附录内容，女职工禁忌从事的劳动范围包括：

（1）女职工禁忌从事的劳动范围：

①矿山井下作业；

②体力劳动强度分级标准中规定的第四级体力劳动强度的作业；

③每小时负重 6 次以上、每次负重超过 20 公斤的作业，或者间断负重、每次负重超过 25 公斤的作业。

（2）女职工在经期禁忌从事的劳动范围：

①冷水作业分级标准中规定的第二级、第三级、第四级冷水作业；

②低温作业分级标准中规定的第二级、第三级、第四级低温作业；

③体力劳动强度分级标准中规定的第三级、第四级体力劳动强度的作业；

④高处作业分级标准中规定的第三级、第四级高处作业。

（3）女职工在孕期禁忌从事的劳动范围：

①作业场所空气中铅及其化合物、汞及其化合物、苯、镉、铍、砷、氰化物、氮氧化物、一氧化碳、二硫化碳、氯、己内

酰胺、氯丁二烯、氯乙烯、环氧乙烷、苯胺、甲醛等有毒物质浓度超过国家职业卫生标准的作业；

②从事抗癌药物、己烯雌酚生产，接触麻醉剂气体等的作业；

③非密封源放射性物质的操作，核事故与放射事故的应急处置；

④高处作业分级标准中规定的高处作业；

⑤冷水作业分级标准中规定的冷水作业；

⑥低温作业分级标准中规定的低温作业；

⑦高温作业分级标准中规定的第三级、第四级的作业；

⑧噪声作业分级标准中规定的第三级、第四级的作业；

⑨体力劳动强度分级标准中规定的第三级、第四级体力劳动强度的作业；

⑩在密闭空间、高压室作业或者潜水作业，伴有强烈振动的作业，或者需要频繁弯腰、攀高、下蹲的作业。

（4）女职工在哺乳期禁忌从事的劳动范围：

①孕期禁忌从事的劳动范围的第一项、第三项、第九项；

②作业场所空气中锰、氟、溴、甲醇、有机磷化合物、有机氯化合物等有毒物质浓度超过国家职业卫生标准的作业。

55 我国女职工禁忌劳动范围是如何规定的?

目前，我国女职工禁忌劳动范围的规定主要是由《女职工劳动保护特别规定》明确的，包括以下几个方面：

（1）女职工禁忌劳动范围，包括所有女职工禁忌劳动范围和女职工在特殊生理时期（经期、孕期、哺乳期）的禁忌劳动范围；

（2）用人单位应当遵守女职工禁忌从事的劳动范围的规定，不得安排女职工从事禁忌劳动；

（3）用人单位要为女职工进行劳动安全卫生知识培训，并将本单位属于女职工禁忌从事的劳动范围的岗位书面告知女职工；

（4）女职工禁忌劳动范围并不是一成不变的，国务院安全生产监督管理部门会同国务院人力资源社会保障行政部门、国务院卫生行政部门根据经济社会发展情况，对女职工禁忌从事的劳动范围进行调整。

56 什么是女职工“四期”劳动保护？

女性生理机能决定了女职工有月经、怀孕、生育、哺乳的生理过程，使女职工的劳动作业能力发生一定的变化。为了保护女性和下一代的健康，必须对女职工生理变化期间进行特殊保护，这就是“四期”保护，即经期、孕期、产期、哺乳期的劳动保护。

目前，一些地方性法规已经将“四期”拓展为“六期”，增加了备孕期、更年期，体现了对女职工的尊重与关爱。比如，《江苏省女职工劳动保护特别规定》第十条规定：“用人单位安排已婚待孕女职工从事国家规定的孕期禁忌从事的劳动，应当征得女职工同意。”第十八条规定：“女职工更年期综合征症状严重，不能适应原岗位工作，申请减轻劳动量或者调整工作岗位的，用人单位应当根据医疗机构证明和实际情况给予适当安排。”《山东省女职工劳动保护办法》第十条规定：“待孕女职工提出申请，用人单位可以按照国家规定的孕期禁忌从事的劳动范围给予保护。”第十六条规定：“女职工经医疗机构诊断为围绝经期综合征不能适应原安排的劳动，申请调整工作岗位的，用人单位应当安排其能够适应的其他劳动。”

57 经期劳动保护的具体规定有哪些？

月经是健康妇女正常的生理现象，经期会导致女性正常的生理防御能力相对减弱，作业能力有所下降。因此，经期劳动保护很重要，其主要内容包括：

（1）遵守女职工经期禁忌劳动范围规定。

（2）给予经期女职工一定的休息休假权。在一些地方性法规中明确给予符合条件的女职工休息休假权。比如，根据《山东省女职工劳动保护办法》第九条的规定，经期女职工“长久站立、行走劳动的，适当安排其工间休息”“经医疗机构诊断证明痛经或者月经过多，申请休息的，按照国家有关病假的规定执行”。《江苏省女职工劳动保护特别规定》第九条第一款规定：

“用人单位应当给予经期女职工下列保护：（一）不得安排国家规定的经期禁忌从事的劳动，应当暂时调做其他工作，或者休息1至2天；（二）对其他工种的女职工，月经过多或者因痛经不能坚持工作的，经医疗机构证明，安排休息1至2天。”《浙江省女职工劳动保护办法》第十一条第二项规定：“经医疗机构证明患有重度痛经或者经量过多的，给予1至2天的带薪休息。”

（3）向女职工发放一定数额的卫生费或卫生用品。有些地方做了强制性规定，比如，《河南省女职工劳动保护特别规定》第九条第二款规定：“用人单位应当为在职女职工每人每月发放不低于35元的卫生费。所需费用，企业从职工福利费中列支；机关事业单位按现行财政负担政策列入预算。”《河北省女职工劳动保护特别规定》第七条第二款规定：“用人单位为在岗女职工每人每月发放三十元卫生费或者相应的卫生用品。省人民政府应当根据社会经济发展、物价上涨和职工工资水平的提高相应调整发放标准。”也有一些地方做了倡导性规定，比如，《江苏省女职工劳动保护特别规定》第九条第二款规定：“有条件的用人单位，可以每月发放一定的卫生用品或者费用。”《广东省实施〈女职工劳动保护特别规定〉办法》第八条第二款规定：“用人单位每月可以向女职工发放必要的卫生用品或者劳动保护卫生费。”

58 孕期劳动保护的具体规定有哪些？

女职工怀孕后，体内各系统负担加重，作业能力受到一定影响，因此，必须对她们的工作进行合理安排，以保证孕妇健康和胎儿的正常发育。孕期劳动保护的主要内容包括：

（1）遵守女职工孕期禁忌劳动范围规定。

（2）女职工在孕期不能适应原劳动的，用人单位应当根据医疗机构的证明，予以减轻劳动量或者安排其他能够适应的劳动。

（3）对怀孕7个月以上的女职工，用人单位不得延长劳动时间或者安排夜班劳动，并应当在劳动时间内安排一定的休息时间。

（4）怀孕女职工在劳动时间内进行产前检查，所需时间计入劳动时间。

59 产期劳动保护的具体规定有哪些?

女职工分娩后，不仅需要哺育婴儿，更需要一定的时间逐步恢复正常生理机能，这不仅关系到女职工一生的健康，也关系到幼儿的健康成长。因此，产期劳动保护尤为重要，其主要内容包括：

（1）用人单位不得因女职工生育降低其工资、予以辞退、与其解除劳动或者聘用合同。

（2）女职工生育享受一定时间的产假。根据《女职工劳动保护特别规定》，女职工生育享受98天产假，其中产前可以休假15天；难产的，增加产假15天；生育多胞胎的，每多生育1个婴儿，增加产假15天。女职工怀孕未满4个月流产的，享受15天产假；怀孕满4个月流产的，享受42天产假。

（3）女职工产假期间享受相应的待遇。根据《社会保险法》《女职工劳动保护特别规定》等相关法律法规，女职工生育享受生育保险待遇，包括生育津贴和生育医疗费用。女职工产假期间的生育津贴，对已经参加生育保险的，按照用人单位上年度职工月平均工资的标准由生育保险基金支付；对未参加生育保险的，按照女职工产假前工资的标准由用人单位支付。女职工生育或者流产的医疗费用，按照生育保险规定的项目和标准，对已经参加生育保险的，由生育保险基金支付；对未参加生育保险的，由用人单位支付。根据《社会保险法》《女职工劳动保护特别规定》，生育津贴按照职工所在用人单位上年度职工月平均工资计发。

60 哺乳期劳动保护的具体规定有哪些？

哺乳期是指胎儿娩出后至婴儿满 1 周岁。进行哺乳期保护的目的是保证哺乳女职工有丰富的、质量较好的乳汁，按时哺育婴儿，使婴儿健康成长。哺乳期保护的主要内容有：

（1）遵守女职工哺乳期禁忌劳动范围规定。

（2）用人单位不得因女职工哺乳降低其工资、予以辞退、与其解除劳动或者聘用合同。

（3）对哺乳未满 1 周岁婴儿的女职工，用人单位不得延长劳动时间或者安排夜班劳动。

（4）用人单位应当在每天的劳动时间内为哺乳期女职工安

排 1 小时哺乳时间；女职工生育多胞胎的，每多哺乳 1 个婴儿每天增加 1 小时哺乳时间。

（5）女职工比较多的用人单位应当根据女职工的需要，建立女职工卫生室、孕妇休息室、哺乳室等设施，妥善解决女职工在生理卫生、哺乳方面的困难。

61 用人单位应建立哪些女职工劳动保护设施?

《女职工劳动保护特别规定》第十条规定："女职工比较多的用人单位应当根据女职工的需要，建立女职工卫生室、孕妇休息室、哺乳室等设施，妥善解决女职工在生理卫生、哺乳方面的困难。"女职工卫生室、孕妇休息室、哺乳室是用人单位为保护广大女职工身体健康，方便孕期、哺乳期女职工休息及哺乳婴儿而专门设立的女职工劳动保护设施。而根据《女职工保健工作规定》，女职工 100 人以上的单位，应逐步建立女职工卫生室；有哺乳婴儿 5 个以上的单位，应逐步建立哺乳室。

62 母婴室（哺乳室）建设有什么标准?

母婴室（哺乳室）是为哺乳妈妈提供的私密、安全、温馨的备乳场所，分为两大类型：第一类是企业内部、工业园区、商务楼宇等为内部员工服务的"爱心母婴室"，主要功能是为职场妈妈提供私密而温馨的备奶场所；第二类是医疗保健机构、商场、车站、旅游景点等公共场所设立的母婴室，主要面向公共人群。根据不同场所的使用需求，母婴室的基础设施建设及配备标准也不相同。

根据《关于加快推进母婴设施建设的指导意见》的要求，经常有母婴逗留且建筑面积超过1万平方米或日客流量超过1万人的交通枢纽、商业中心、医院、旅游景区及游览娱乐等公共场所，应当建立使用面积一般不少于10平方米的独立母婴室，并按照《公共场所母婴设施配置推荐标准》配备基本设施。对已建成的母婴室要做好改造完善工作。用人单位参照该标准建设女职工休息哺乳室等设施。

《公共场所母婴配置推荐标准》规定：基本配置的标准为面积一般不低于10平方米、防滑地面、带安全扣的婴儿尿布台、提供热水和洗手液的洗手台、婴儿床、便于哺乳休息的座椅、便于放置哺乳有关用品的桌子、电源插座、垃圾桶、保护哺乳私密性的可上锁的门、帘子遮挡设备等；根据条件可配置（舒适配置）包括恒温空调、尿不湿自动销售机、呼叫设备。移动空间（如火车等交通工具内）可在卫生间内设折叠的婴儿整理台，在无障碍洗手间或车厢适当位置灵活安排哺乳空间。

63 什么是女职工“两癌”筛查？

近年来，女性乳腺癌、宫颈癌的发病率不断攀升，成为威胁女性健康的两大“杀手”，实际上“两癌”并不可怕，如果能够及早发现并治疗，90%的情况都可治愈。有条件的用人单位在组织职工体检时应组织本单位女职工进行宫颈癌初筛（妇科检查、宫颈脱落细胞TCT检查）和乳腺癌初筛（乳腺临床、彩超检查），即“两癌”检查。2011年以来，为加强女职工身心健康保护，进一步做好女职工关爱工作，各级工会女职工组织在困难企业女职工和女农民工中开展了免费的“两癌”筛查，进一步增强了女职工的健康意识，维护了女职工健康权益。

一些地方性法律法规也对女职工“两癌”筛查作出了规定，比如，《江苏省女职工劳动保护特别规定》第二十一条第一款第二项规定：“每年至少安排1次妇女常见病普查，对年满35周岁的女职工应当增加乳腺癌、宫颈癌筛查。”《广东省实施〈女职工劳动保护特别规定〉办法》第二十条规定：“用人单位可以每1至2年组织女职工进行一次妇科疾病检查，鼓励有条件的用人单位定期组织女职工进行乳腺癌、宫颈癌筛查。”《宁夏回族自治区女职工劳动保护办法》第十八条规定：“用人单位应当每年组织女职工进行妇科保健检查，对30周岁以上的女职工增加防子宫癌、防乳腺癌检查内容，检查费用由用人单位承担。”

64 用人单位是否应当定期组织女职工进行妇科检查？

《妇女权益保障法》第五十条规定：《妇女权益保障法》第五十条规定：“国家发展社会保障事业，保障妇女享有社会保险、社会救助和社会福利等权益。国家提倡和鼓励为帮助妇女而开展的社会公益活动。”

2011 年修订的《女职工保健工作规定》第十四条规定：“对女职工定期进行妇科疾病及乳腺疾病的查治。”第十三条第三项规定：“进入更年期的女职工应每 1 至 2 年进行一次妇科疾病的查治。”因此，用人单位应当定期组织女职工进行妇科检查，具体的体检周期和检查项目可以通过女职工权益保护专项集体合同进行约定。

65 什么是女职工权益保护专项集体合同？

女职工权益保护专项集体合同，是指用人单位与本单位女职工根据法律、法规、规章的规定，就女职工合法权益和特殊利益方面的内容通过集体协商签订的专项书面协议，该协议对用人单位和本单位的所有女职工具有法律约束力。

女职工权益保护专项集体合同签订的形式，可以是单独签订的女职工权益保护专项集体合同，也可以是将女职工权益保护专项协议作为综合性集体合同的附件或专章。二者的协商、签订程序、法律效力是一样的，都要经过要约、协商、职代会审议通过、双方首席代表签字、报送劳动行政部门审查、公示或告知等程序。前者必须经过协商双方首席代表单独签字确认，而后者只需在综合性集体合同上签字即可。因此，前者是法律要件齐备、可以单独成立的专门合同，而后者则依附于综合性集体合同而存在。

66 女职工权益保护专项集体合同主要内容包括哪些？订立有哪些程序？

根据《劳动法》《女职工劳动保护特别规定》等相关法律规定，女职工权益保护专项集体合同的主要内容包括：

（1）女职工的劳动经济权利：劳动就业、同工同酬、休息休假、社会福利待遇等。

（2）女职工的特殊利益：女职工禁忌劳动保护、“四期”保护、妇科疾病普查、生育待遇等。

（3）女职工的政治文化教育发展权利：职业教育、技术培训、晋职晋级、参与单位民主管理等。

（4）双方认为应当协商的其他内容。

根据《中华全国总工会办公厅关于推进女职工权益保护专项集体合同工作的意见》的要求，签订女职工权益保护专项集体合同的工作程序主要有四个阶段：

（1）准备工作。

①产生协商代表、首席代表。已建立集体合同制度的单位，女职工一方的协商代表、首席代表与集体合同协商代表、首席代表一致。未建立集体合同制度的单位，女职工一方的协商代表由本单位工会选派，首席代表由本单位工会主席担任，工会主席可以书面委托工会女职工委员会主任担任首席代表。用人单位一方的协商代表，由用人单位法定代表人指派，首席代表

一般由单位法定代表人担任，特殊情况下可由其书面委托的其他管理人员担任。

②开展专项培训。根据女职工权益保护专项集体合同工作需要，对职工协商代表开展有针对性的培训。

③起草集体合同草案。职工协商代表会同本单位工会女职工干部在对企业女职工权益保护状况进行调查和分析的基础上，起草《女职工权益保护专项集体合同》，并广泛征求用人单位和女职工意见，进一步修改和完善。

（2）协商签约。

工会和工会女职工组织代表与企业行政方代表就《女职工权益保护专项集体合同（草案）》开展平等协商。经双方协商一致同意，将《女职工权益保护专项集体合同（草案）》提交职工代表大会或职工大会审议通过后，由双方的首席代表签字。

（3）报送与审查。

女职工权益保护专项集体合同签订后，要报送当地劳动保障行政部门进行审查。劳动保障行政部门自收到文本之日起15日内未提出异议的，女职工权益保护专项集体合同即行生效。

（4）履约及监督检查。

生效的女职工权益保护专项集体合同，应当自其生效之日起由协商代表及时以适当的形式向本方全体人员公布，用人单位和全体女职工都要严格执行。集体合同监督检查小组应有工会女职工组织的代表参加，尚未建立工会或工会女职工组织的，要有女职工代表参加，共同对女职工权益保护专项集体合同履行情况定期进行检查和监督。对发现的问题，要督促用人单位采取措施进行整改，同时每年应至少一次将女职工权益保护专项集体合同履行情况向职工代表大会报告，接受职工的监督。

67 女职工权益保护专项集体合同如何变更?

女职工权益保护专项集体合同在以下情形下可以变更或解除：

（1）用人单位因被兼并、解散、破产等原因，致使集体合同无法履行的；

（2）因不可抗力等原因致使集体合同无法履行的；

（3）集体合同约定的变更或解除条件出现的；

（4）法律、法规、规章规定的其他情形。

变更或解除女职工权益保护专项集体合同的程序与签订的程序基本相同，即提出建议、召开协商会议、召开职工代表大会或职工大会、备案、协议生效。

68 女职工权益保护专项集体合同如何终止?

女职工权益保护专项集体合同的法律关系是当事人之间具有一定时间性的权利义务关系，这种关系不会永远存在，因为任何合同在时间上都是有一定期限的。《集体合同规定》第三十八条第一款规定："集体合同或专项集体合同期限一般为1

至3年，期满或双方约定的终止条件出现，即行终止。”因此，当女职工权益保护专项集体合同期满或者双方约定的终止条件出现时，集体合同即行终止。在集体合同终止前，要着手做好签订新的集体合同的准备工作。

69 女职工权益保护专项集体合同如何续订？

女职工权益保护专项集体合同是有期限的劳动合同，一般为1至3年，合同到期后应该及时续订，否则可能导致女职工已经获得的相关权益受损。《集体合同规定》第三十八条第二款规定：“集体合同或专项集体合同期满前3个月内，任何一方均可向对方提出重新签订或续订的要求。”因此，女职工权益保护专项集体合同期满前3个月内，任何一方均可向对方提出重新签订或续订的要求，续订女职工权益保护专项集体合同与订立程序相同。

70 女职工权益保护专项集体合同发生争议如何处理？

女职工权益保护专项集体合同争议分为协商争议和履行争议两大类。

（1）协商争议是指在平等协商的过程中，当事人双方就一些问题不能达成一致意见而发生的争议。出现协商争议，当事人一方或双方可以书面形式向劳动行政部门提出协调处理申请；未提出申请的，劳动行政部门认为有必要时也可协调处理。劳动行政部门应当组织同级工会和用人单位等三方面的人员，共同协调处理集体协商争议。

（2）履行争议是指在履行集体合同过程中发生的争议。根据《劳动法》《劳动合同法》的相关规定，因履行集体合同发生争议，当事人协商解决不成的，可以向劳动争议仲裁委员会申请仲裁；对仲裁裁决不服的，可以自收到仲裁裁决书之日起15日内向人民法院提起诉讼。

71 什么是生育保险？

生育保险是国家针对女性生育行为的生理特点，通过立法，对因生育子女而暂时中断劳动的女职工给予生活保障和物质帮助的一项社会保险制度。其宗旨在于通过向生育女职工提供生育津贴、有薪假期、医疗服务等待遇，保障女职工的基本生活，促进女职工的身体恢复和健康，使婴儿得到精心的照顾和哺育，帮助她们恢复劳动能力，重返工作岗位。生育保险是社会保障制度的重要内容之一，推行生育保险制度，可使我国的社会保险制度得以健全，使社会成员都能分享到社会发展的成果。

2019年3月25日，《国务院办公厅关于全面推进生育保险和职工基本医疗保险合并实施的意见》正式发布，生育保险基金并入职工基本医疗保险基金，统一征缴，统筹层次一致。两险合并实施并不是说两个险种合并为一个险种，而是通过管理运行层面上的合并实施，提高管理服务效能，生育保险作为社会保险中的一项独立险种仍将保留。两项保险合并实施后有利于增强制度保障功能、推进人口政策落实和提升管理服务效能；有利于扩大生育保险覆盖面，发挥大数法则效应；有利于强化基金共济，提高抗风险能力；有利于提高生育保障效能，让更多的女职工享受到生育保险待遇。

72 生育保险待遇有哪些?

参加生育保险可以使生育女职工获得生活保障和物质帮助。生育保险通常由现金补助和实物供给两部分组成。根据《社会保险法》第五十四条第二款规定："生育保险待遇包括生育医疗费用和生育津贴。"生育医疗费用包括生育的医疗费用、计划生育的医疗费用以及法律、法规规定的其他项目费用。生育津贴是职工按照国家和省有关规定享受产假或者计划生育手术休假期间获得的工资性补偿，按照职工所在用人单位上年度职工月平均工资计发。

除了生育医疗费用和生育津贴，一些地方性法规还给予生育的女职工一次性营养补助。比如，《江苏省职工生育保险规定》规定，在职工生育或者妊娠满 7 个月引产时发放一次性营养补助，标准为统筹地区上年度城镇非私营单位在岗职工年平均工资的 2%。

73 哪些人可以享受生育保险待遇？

生育保险和职工基本医疗保险合并实施后，生育保险待遇由职工基本医疗保险基金支付。根据《社会保险法》《女职工劳动保护特别规定》等法律法规的规定，职工在以下几种情况下可以享受生育保险待遇：

（1）女职工享受产假期间的生育津贴、生育医疗费用；

（2）男职工未就业配偶按照国家规定享受生育医疗费用；

（3）计划生育的医疗费用；

（4）职工在施行计划生育手术时享受生育医疗费用、相应天数的生育津贴等。

（5）法律、法规规定的其他情形。

74 什么是生育津贴？职工领取了生育津贴还能再要求发放产假期间的工资吗？

生育津贴，是职工按照国家和省有关规定享受产假或者计划生育手术休假期间获得的工资性补偿。在有的国家，生育津贴又叫生育现金补助。生育津贴是为了弥补女职工因生育而不能获得用人单位向其支付劳动报酬的物质损失，以减轻其这段时间的经济压力，安心地照顾和哺育下一代。

生育保险资金的来源主要是用人单位缴纳的生育保险，相当于企业已支付了女职工相应的工资。因此，职工领取了生育津贴，就不能再要求用人单位向其支付工资。如果生育津贴低于其产假或休假前的工资标准，这种情况下可以要求用人单位补足不足部分。

75 生育津贴的报销流程是怎样的?

一般情况下，生育津贴是等待职工生产结束或终止妊娠后，由用人单位向登记参保的社会保险机构申领生育津贴，而在生育期间，由用人单位按照规定支付产假工资。等到生育津贴发放之后，生育津贴高于产假工资的，单位将高出部分足额发放给员工；低于产假工资的，生育津贴直接归单位所有。

（1）由职工按照社保部门的要求准备好个人身份证原件及复印件以及必需资料，提交给单位经办人员，由单位经办人员提交资料给生育报销机构进行审核。

（2）审核通过之后会在规定的时间内生成拨付单据，再由单位经办人领取拨付单据，生育津贴便会在指定时间拨付至单位账户，再由单位发放给员工。

不同地方的具体流程会有所差异，女职工可以向单位经办人员或者当地社保部门咨询详细情况。

CHANG JIAN WEN TI

第五部分

常见问题

76 如何加强与妇联组织的联系？

工会和妇联都是党的群众组织，应在同级党委的领导下加强协作、各司其职，共同做好女职工工作。

（1）县级以上工会女职工委员会要主动争取妇联的支持与指导，充分发挥妇联团体会员的作用。

（2）基层工会女职工委员会在接受工会领导的同时，通过县级以上地方工会接受妇联的业务指导。

（3）县级以上工会和妇联的领导干部及委员可以实行双向兼职，从组织体系上保障双方的紧密联系与团结协作。

（4）县级以上工会和妇联建立工作联系制度，通过定期召开联席会议或相互参加工作会议，联合开展学习培训、专题活动、专项督查等，互通情况、加强交流，相互支持、形成合力。

77 如何准确把握女职工工作重点？

工会女职工工作具有很强的综合性，涉及工会工作和女职工权益的方方面面，点多、线长、面广、量大的特点非常鲜明，而力量配备往往又相对薄弱。女职工组织必须从自身的特点和女职工的需求出发，坚持有所为、有所不为，学会准确把握工作重点，以重点突破带动全盘工作创新发展。

（1）要自觉将女职工工作放到党和国家大局及工会工作全局去认识把握，找准女职工工作服务本地区、本行业、本单位工作中心的结合点、切入点，并以此作为女职工工作的着力点，发挥工会女职工的特点和优势，团结引领女职工为推动经济社会发展建功立业。

（2）要始终坚持以女职工为本，以满足女职工对美好生活需求为工作导向，将女职工关心的热点难点问题作为女职工工作的重点，深入调查研究，广泛听取女职工的呼声、意见和要求，千方百计为女职工排忧解难，依法维护她们的合法权益和特殊利益。

78 如何提高工会女职工工作的社会化程度?

工会女职工工作需要全社会的关心、重视和支持。

（1）要切实加强各级工会女职工委员会平台建设，将关心女职工、热爱女职工工作的女劳模先进、女专家学者和各类优秀女性代表吸收到委员中来，优化委员结构，发挥组织优势，不断提高工会女职工组织的社会辐射力和影响力。

（2）围绕女职工维权服务重点，推动建立女职工教育培训和关爱服务专家团队，并在一定范围内实现专家互动、资源共享，努力打造开放式、社会化女职工工作新格局。

（3）加强与政府相关部门和妇联组织的横向联合，积极推动将女职工维权重点工作纳入本地区妇女儿童发展纲要，借助政府平台，推动女职工工作发展。

（4）借助社会主流媒体和网络，加大对女职工工作的宣传力度，在全社会营造尊重女职工、关爱女职工、关心女职工工作的良好氛围。

79 工会女职工工作如何适应传播格局新变化?

随着新一轮科技革命浪潮，传播格局发生了深刻变化，市场化、工业化、城镇化、信息化、全球化等因素相互作用、叠加影响，使我国劳动关系主体更加复杂化多元化，不同群体女职工利益诉求千差万别、错综复杂，而这一切在互联网时代显得更加突出、更为直接，更容易造成负面影响和蔓延态势。

各级工会女职工组织要正视挑战，充分认识到网络已成为女职工工作的主战场，也是意识形态斗争的主战场，女职工组织必须通过有效形式和手段，占领互联网阵地，切实承担起加强对女职工思想政治引领的使命；要加强对新媒体环境下信息传播规律、舆论引导、表达方式、大数据运用等知识的学习培训，提升女职工干部使用新媒体的能力；要强化互联网思维，积极探索建立女职工维权服务网络化、常态化的工作机制，善用“网言网语”，密切联系女职工、服务女职工、凝聚女职工。

80 工会女职工工作如何融入产业工人队伍建设改革大局?

产业工人队伍建设改革的根本目标是造就一支有理想守信念、懂技术会创新、敢担当讲奉献的宏大的产业工人队伍。切实加强女职工队伍建设，是产业工人队伍建设改革的题中应有之义。

（1）各级工会女职工组织要抓住机遇、主动作为，积极参与本地区、本产业、本单位产业工人队伍建设改革方案的制定，主动争取党政重视、支持，将女职工队伍建设纳入改革方案，从源头上维护女职工的合法权益和特殊利益。

（2）切实加强对女职工的思想政治引领。充分运用目标激励、典型引路、人文关怀、心理疏导等综合手段，不断增强思想政治工作的针对性和感染力，增强女职工组织的凝聚力和影响力，切实将女职工的积极性、创造性凝聚到实现中华民族伟大复兴的奋斗目标上来。

（3）深入实施“女职工提素建功工程”，充分发挥女职工在推动经济社会经济发展大局中的“半边天”作用。紧紧抓住产业工人队伍建设改革的有利契机，将女职工“争创五一巾帼标兵岗”“争当五一巾帼标兵”活动纳入其中，不断丰富竞赛内容，创新竞赛方式，提升女职工参与竞赛和改革的积极性；大力选树和宣传表彰女职工学习成才、岗位建功的先进典型，大力培育女职工创业创新领军人物，激励和引领女职工与时俱进、争创一流。

（4）不断创新女职工教育培训方式，全面提升女职工队伍的技能素质。积极推动将女职工职业教育、继续教育和技能培训纳入产业工人队伍建设改革总体规划，从制度上维护女职工的学习权、发展权；针对不同群体女职工的需求，通过周末学校、网上课堂、班组学习、“菜单式”培训和名师带徒等多种形式，加强对女职工的技能培训，提升她们的技能水平和等级，提高女职工队伍的整体素质。

81 女职工表彰和活动经费能否在行政列支？

《工会女职工委员会工作条例》第二十七条规定：“各级工会要为工会女职工委员会开展工作与活动提供必要的经费，所需经费应列入同级工会经费预算。”女职工表彰和开展活动的经费，经同级工会同意，应纳入年度工会经费预算。如需行政经费支持，应当由同级工会委员会向行政提出申请，女职工委员会按规定程序负责使用。

82 如何做好疫情防控新常态下女职工心理关怀工作？

新冠肺炎疫情肆虐全球，不仅对世界政治格局、经济格局、社会意识形态、国家治理能力产生了巨大冲击，也对人们的思想行为、生活方式、家庭关系、教育模式、健康理念和心理安全带来了全方位的影响。在疫情防控常态化的新形势下，女职工承受着来自工作、家庭、社会变革和家庭成员安全防护等多方面的压力。切实做好女职工心理关怀工作，既是疫情防控常态化下女职工维权服务的新挑战，也是女职工组织从“心”出发，提升服务能力与水平的有利契机。

（1）要借助专家资源和专业手段，对所辖女职工队伍心理状况进行调查摸底、建档立卡，提高女职工心理关怀工作的针对性和实效性。

（2）要通过多种宣传手段和培训方式，开展女职工心理健康知识普及教育，并与深入开展女职工读书活动、家风培育、关爱行动、提素建功等主题实践活动有机地结合起来，帮助女职工提高应变能力、适应能力和心理抗压能力，塑造积极健康心态，以应对工作生活和疫情防控带来的诸多挑战。

（3）要坚持从实际出发，因地制宜、因企制宜，建立健全女职工心理健康教育和疏导服务平台。整合工会网站、职工之家、职工书屋和“爱心母婴室”等载体资源，建立女职工“心理氧吧”“阳光驿站”等心理疏导服务窗口，帮助女职工及时化解、释放心理压力和负面情绪。

（4）宣传普及女职工生理卫生常识、养生保健知识和疫情防控知识，提高女职工自身和家庭成员的防疫免疫能力；深入实施“女职工关爱行动”，定期开展女职工妇科疾病普查和“两癌”筛查，切实做好单亲、大病女职工的关心、慰问和帮扶工作，切实帮助她们排忧解难，维护好她们的生命健康。

83 如何看待已婚待孕女职工的特殊劳动保护?

《女职工劳动保护特别规定》没有规定已婚待孕女职工禁忌从事的劳动范围，但《女职工保健工作规定》第九条“孕前保健”中规定了“已婚待孕女职工禁忌从事铅、汞、苯、镉等作业场所属于《有毒作业分级》标准中第Ⅲ—Ⅳ级的作业”。《女职工保健工作规定》第九条中规定：“对有过两次以上自然流产史，现又无子女的女职工，应暂时调离有可能直接或间接导致流产的作业岗位。”这应当作为对已婚待孕女职工的特殊劳动保护。

同时，也有一些地方性法规作了明确规定，比如，《江苏省女职工劳动保护特别规定》第十条规定：“用人单位安排已婚待孕女职工从事国家规定的孕期禁忌从事的劳动，应当征得女职工同意。”《山东省女职工劳动保护办法》第十条规定：“待孕女职工提出申请，用人单位可以按照国家规定的孕期禁忌从事的劳动范围给予保护。”

84 用人单位应当给予更年期女职工哪些特殊保护?

《女职工保健工作规定》第十三条“更年期保健”中规定：“经县（区）以上（含县、区）的医疗或妇幼保健机构诊断为更年期综合征者，经治疗效果仍不显著，且不适应原工作的，应暂时安排适宜的工作。”“进入更年期的女职工应每1至2年进行一次妇科疾病的查治。”

一些地方性法规也明确对女职工更年期进行特殊保护，比如，《山东省女职工劳动保护办法》第十六条规定：“女职工经医疗机构诊断为围绝经期综合征不能适应原安排的劳动，申请调整工作岗位的，用人单位应当安排其能够适应的其他劳动。”《江苏省女职工劳动保护特别规定》第十八条规定：“女职工更年期综合征症状严重，不能适应原岗位工作，申请减轻劳动量或者调整工作岗位的，用人单位应当根据医疗机构证明和实际情况给予适当安排。”《河北省女职工劳动保护特别规定》第十三条规定：“女职工经医疗机构确诊为重度更年期综合征不能正常工作的，可以适当减轻其劳动量，或者经双方协商调整其到合适的岗位。”

85 哺乳期满是否可以延长哺乳期？

根据原劳动部《关于〈女职工劳动保护规定〉问题的解答》的相关规定，女职工哺乳期为一年，企、事业单位有条件的，也可适当延长哺乳期。女职工哺乳婴儿满周岁后，一般不再延长哺乳期。如果婴儿身体特别虚弱，经医务部门证明，可将哺乳期酌情延长。如果哺乳期满时正值夏季，也可延长一两个月。《女职工保健工作规定》第十二条规定：“婴儿满周岁时，经县

（区）以上（含县、区）医疗或保健机构确诊为体弱儿，可适当延长授乳时间，但不得超过6个月。”根据这些规定，延长哺乳期必须征得用人单位的同意，或者与用人单位通过合同进行约定，否则，延长哺乳期不能得到法律支持。

86 产假是否包含法定假日？能否顺延？

根据《女职工劳动保护特别规定》第七条的规定，女职工生育享受98天产假，这98天按自然天数计算，是以“天”为请假单位而不是以“工作日”为请假单位，因此，休息日和法定节假日都包含在98天的产假之内。

《中华人民共和国人口与计划生育法》（以下简称《人口与计划生育法》）第二十五条规定：“符合法律、法规规定生育子女的夫妻，可以获得延长生育假的奖励或者其他福利待遇。”因此，各地通过地方性立法的方式，给予符合计划生育相关规定的职工一定的奖励，比如延长女职工的产假、配偶的陪产假（护理假）等。关于延长产假和陪产假是否包含法定节假日，各地有不同的规定。

延长产假和陪产假包含法定节假日的。比如，根据《重庆市卫生和计划生育委员会、重庆市人力资源和社会保障局关于请婚假产假护理假有关规定的通知》，按照规定所休的婚假、产假、护理假的假期，原则上应当连续使用（单位同意的除外），假期中包括公休日和国家法定节假日。根据《天津市人力资源和社会保障局关于女职工产假有关问题的通知》，产假包括公休假日和法定节假日。根据《〈湖南省人口与计划生育条例（2016版）〉应用解释》，《湖南省人口与计划生育条例（2016版）》第二十一条规定的“增加产假六十天”和“男方享受护理假二十天”中的天数连续计算，包括法定节假日和双休日。

延长产假和陪产假不包含法定节假日的。比如，根据《上海市计划生育奖励与补助若干规定》，增加的婚假（7天）、生育假（30天）、配偶陪产假（10天）遇法定节假日顺延。根据《江苏省人口与计划生育条例（2016修正）》第二十七条的规定，延长婚假10天、延长产假30天、护理假10天“视为出勤，在规定假期内照发工资，不影响福利待遇，国家法定休假日不计入前两款规定的假期”。

87 生育津贴是否要缴纳个人所得税？

生育津贴是国家法律、法规规定对职业妇女因生育而离开工作岗位期间给予的生活费用。根据《财政部　国家税务总局关于生育津贴和生育医疗费有关个人所得税政策的通知》规定：“生育妇女按照县级以上人民政府根据国家有关规定制定的生育保险办法，取得的生育津贴、生育医疗费或其他属于生育保险性质的津贴、补贴，免征个人所得税。”但是，由用人单位支付的生育补贴需要按“工资、薪金所得”申报缴纳个人所得税。

88 为什么用人单位也要为男职工缴纳生育保险？

生育保险和基本医疗保险合并实施后，用人单位按照两项保险缴费费率之和缴纳职工基本医疗保险。一些人认为，生孩子是女职工面临的问题，用人单位只需要为本单位的女职工缴纳生育保险费，给男职工缴费增加了用人单位的负担。这种看法是不对的，用人单位应该按照职工工资总额的一定比例缴纳生育保险费，而不是只按照女职工的工资总额来缴费。这是因为：

（1）生育子女并不仅仅是女职工或者其家庭所面对的问题，而是全社会的责任，人口再生产关系到整个人类社会的繁衍生息。

（2）如果只要求女职工缴纳生育保险，会带来生育保险费用在企业中的不平衡状态，给女职工较多的企业带来缴费压力，导致企业不愿雇佣女职工，从而造成就业性别歧视。

（3）男职工也有机会享受到生育保险待遇，比如，根据《江苏省职工生育保险规定》的相关规定，男职工护理假期间享受生育津贴，男职工未就业配偶生育可以享受生育医疗费用，男职工施行计划生育手术时享受生育医疗费用和相应假期的生育津贴等。

89 “三八”妇女节女职工有哪些福利待遇？如因工作原因不能休息，是否可按节日加班标准发放加班费？

根据国务院《全国年节及纪念日放假办法》的规定，“三八”妇女节属于部分公民放假的节日和纪念日，应该放假半天。用人单位可以组织女职工开展庆祝活动，或者给女职工发放一些节日福利。

原劳动和社会保障部办公厅在《关于部分公民放假有关工资问题的函》中明确，部分公民放假的节日期间，用人单位安排职工工作，按照国务院《全国年节及纪念日放假办法》中关于妇女节、青年节等部分公民放假的规定，在部分公民放假的节日期间，对参加社会或单位组织庆祝活动和照常工作的职工，单位应支付工资报酬，但不支付加班工资。如果该节日恰逢星期六、星期日，单位安排职工加班工作，则应当依法支付休息日的加班工资。

90 用人单位是否应当发放女职工卫生费？有无发放标准和依据？

关于女职工卫生费，没有国家统一要求和具体标准，但一些地方性立法对此作了规定。有一些省份作出了强制性规定和明确的发放标准，比如，《湖南省女职工劳动保护特别规定》

第六条第二款规定："用人单位为在职女职工按照每人每月不低于 30 元的标准发放卫生费。所需费用，企业可以从职工福利费中列支，机关事业单位按现行财政负担政策列入预算。卫生费的标准由省人力资源社会保障部门会同财政部门根据本省经济发展状况和居民生活水平适时提出调整方案，报省人民政府批准后执行。"也有一些省份作了倡导性规定，未作强制性规定。比如，《江苏省女职工劳动保护特别规定》第九条第二款规定："有条件的用人单位，可以每月发放一定的卫生用品或者费用。"

91 什么是职场性骚扰？

职场性骚扰也被称为工作场所性骚扰，是指在劳动场所出现的侵犯他人尊严的、具有冒犯性和令人不悦的与性有关的行为或其他基于性的行为、语言、图像、文字等。职场性骚扰通常以两种形式出现：

（1）交换型性骚扰：是指由某个掌握权力的人（如主管、上级领导、客户等）提出性方面的要求，以此作为对方获得与工作有关的机会或待遇（如录用、晋升、加薪、培训机会、调岗、职业稳定等）的交换条件。

（2）敌意工作环境的性骚扰：在工作场所中，任何人以具有性意味的言辞或行为或基于性别进行侮辱的言辞或行为，而给他人造成敌意性、胁迫性或冒犯性的工作环境。

92 女职工遇到职场性骚扰应该怎么办?

性骚扰常见于职场，例如上司对下属的性骚扰，同事之间的性骚扰，客户对员工的性骚扰等。

（1）女职工应保持警惕心理，做好预防工作，在劳动场所除加强自我防范之外，还要注意自己的举止和着装。

（2）一旦遇到性骚扰，要消除顾虑，勇敢地予以反抗。性骚扰行为的认定必须以受害人的非自愿或不受欢迎的意思表示为准，如果受害者不对骚扰者的行为表示反抗，就很难准确判断该行为是否构成了性骚扰，容易给骚扰者以狡辩的理由。因此，受害者的明确反抗不仅抵抗了骚扰行为，也为性骚扰行为的成立留下了重要证据。

（3）女职工应注意及时、主动地搜集和保留证据，向本单位、行为人所在单位或者双方上级单位投诉，请求对行为人予以单位系统内部的相关处分；也可以向主管的行政部门投诉，请求对行为人予以行政制裁；对构成违反治安管理行为的，还可以提请公安机关对违法行为人依法给予行政处罚；也可以向人民法院提起民事诉讼，请求予以民事赔偿。

93 用人单位如何预防和制止职场性骚扰?

《民法典》第一千零一十条第二款规定:“机关、企业、学校等单位应当采取合理的预防、受理投诉、调查处置等措施,防止和制止利用职权、从属关系等实施性骚扰。”这条规定从职场保护的视角,对机关、企业、学校等单位的安全保障义务进行了规定,明确了用人单位对预防和制止性骚扰的主体责任。用人单位预防和制止对女职工的性骚扰主要有下列措施:

(1)制定禁止劳动场所性骚扰的规章制度。列举可能构成职场性骚扰的情形、可能面临的惩戒措施,明确哪些性骚扰行为属于严重违纪行为、可以被解除劳动合同,并建议受害者追究实施者的法律责任。

(2)开展预防和制止性骚扰的教育培训活动。通过新员工培训、现场宣讲、电话会议、电子邮件、张贴宣传画、摆放警示牌等多种形式进行持续性的宣传、教育和培训,让所有职工都知悉性骚扰行为的危害以及本单位禁止性骚扰的规定,营造尊重女职工的工作氛围。

(3)提供免受性骚扰的工作环境。建立开放式、可视化的办公环境,尽量避免设置独立或私密性过强、隔音性过强的办公空间,在不侵犯员工隐私的前提下安装监控设备,尽量不留监控死角。

(4)畅通投诉渠道,及时处理并保护当事人隐私。明确对职场性骚扰行为的投诉程序，设立受理投诉、调查和解决性骚扰的机构，禁止对投诉人、证人、处理人进行打击报复，处理过程中注意保护当事人隐私，防止二次伤害。

（5）预防和制止对女职工性骚扰的其他措施。通过集体合同的方式明确用人单位的主体责任，对因拒绝性骚扰而遭受损失的职工采取补救措施等。

94 什么是工作场所性别歧视?

工作场所性别歧视，是指用人单位基于劳动者的性别、婚育状况，在招聘、录用、工作岗位安排、工资福利、培训、晋升、工作时间、工作条件、社会保障、解除或终止劳动关系等方面区别对待，损害劳动者平等的权利、机会、待遇的行为。

工作场所性别歧视包括直接歧视和间接歧视。直接歧视是指直接对男女职工造成的不平等对待。比如，用人单位在招聘中对求职者的性别进行限制性要求。间接歧视是指某些规定和做法看似中立，但实际上却导致对某一性别人群的不平等对待。比如要求求职者身高必须达到 1.70 米以上，但这项工作却并非身高 1.70 米以上的人才能胜任。这种招聘要求虽然未说明不招聘女性，但实际上却把大部分女性排除在外，这就可能构成间接歧视。

工作的各阶段都可能出现性别歧视。比如，在招聘阶段，因为性别原因而获得较少工作信息、职业指导、工作机会或较低的入职工资等；在工作阶段，因为性别而获得较少的职业发展机会、薪酬和福利待遇，遭受职场暴力或性骚扰等；在离职阶段，因性别原因而在裁员、解雇等方面遭受差别待遇。

95 如何预防和杜绝工作场所性别歧视？

（1）在国家层面，应加强促进工作场所性别平等的法律法规政策的制定实施，做好法制宣传和执法监督，形成良好的预防、杜绝工作场所性别歧视的法治环境。目前，我国已经基本形成了以《宪法》为基础，以《劳动法》《劳动合同法》《妇女权益保障法》《工会法》《女职工劳动保护特别规定》等为主干，以《就业服务与就业管理规定》等为补充的促进性别平等的法律制度体系。一方面，要加强法制宣传，让全社会充分认识工作场所性别歧视的表现形式、危害程度以及法律后果，并协助用人单位在人力资源管理实践中更好地实施性别平等；另一方面，要严格执法，对存在性别歧视的用人单位要依法处置，绝不姑息。

（2）在用人单位层面，应把性别平等的理念与相关措施纳入各项制度。比如，招聘制度方面，应该基于求职者的资质和岗位要求，招聘员工和做出聘用决定，只有在招聘岗位属于女职工禁忌劳动范围时才能限于招聘男性；在培训和晋升制度方面，应公开宣传所有培训与晋升信息，并鼓励女职工申请，要采用公正客观的绩效评估体系来衡量职工的工作表现，确保评估和晋升都是在能力和绩效的基础上作出；在薪酬制度方面，应根据工作的价值以及职工的表现、资历和贡献来确定工资福利分配，不得因性别而差别对待，并分性别进行统计，判断男女职工是否存在工资差异，找出潜在的歧视问题；在生育保护制度方面，应为女职工依法提供生育保护，不得因怀孕、生育、哺乳而将职工转岗、减薪或解雇；在职业健康保护制度方面，应建立女职工劳动保护制度，减少和解决女职工在劳动中因生理特点造成的特殊困难，防止职业因素对女职工生殖健康的影响；在社会保险制度方面，依法为男女职工缴纳社会保险，为职工公平享受各项社会保险待遇提供帮助和支持；在就业保障制度方面，在入职、转岗、裁员、解雇、退休等方面，不得因性别而在条件和待遇上差别对待。

（3）在工会组织层面，应发挥促进工作场所性别平等机制建设的积极作用。工会特别是工会女职工组织要积极参与和监督本单位性别平等工作，及时发现、反映、督促解决女职工遭受性别歧视的问题。

①要加强源头参与，监督用人单位在人力资源制度和实践中坚持性别平等原则，督促用人单位制定促进性别平等目标及实施方案，为加强性别平等机制建设配备资金和人员，协助用人单位建立评估、自查体系，建立性别歧视争议处理机制。

②就性别平等议题开展集体协商，将职业发展、同工同酬、社会保险、工作和家庭责任平衡措施、预防和制止性骚扰等内容纳入集体合同和女职工权益保护专项集体合同条款，确保男女职工享有平等的机会和待遇。

③建立和完善民主管理制度，确保职代会中有适当比例的女职工代表，将促进性别平等纳入民主管理内容，将落实性别平等相关制度提交职代会审议通过并监督执行。

④提高工会干部自身促进性别平等的能力，积极借助专业力量，协助用人单位面向管理者和职工开展宣传、咨询、培训，并对其提供指导、服务与监督。

⑤开展调查研究，收集整理用人单位性别平等状况材料，按性别分类分析数据与信息，针对发现的问题提出改进措施。

96 如何预防和禁止就业招聘中的性别歧视行为?

当前我国妇女就业情况总体较好，劳动参与率位居世界前列，但妇女就业依然面临一些难题，尤其是在招聘工作中，就业性别歧视现象屡禁不止，对妇女就业带来不利影响。为进一步规范招聘行为，促进妇女平等就业，2019 年 2 月，人力资源社会保障部、教育部等九部门发布《关于进一步规范招聘行为促进妇女就业的通知》，规定招聘过程中的性别歧视行为包括限定性别（国家规定的女职工禁忌劳动范围等情况除外）或性别优先，以性别为由限制妇女求职就业、拒绝录用妇女，询问妇女婚育情况，将妊娠测试作为入职体检项目，将限制生育作为录用条件，差别化地提高对妇女的录用标准等。预防和禁止就业招聘中的性别歧视行为要做到：

（1）强化人力资源市场监管。对用人单位、人力资源服务机构发布含有性别歧视内容招聘信息的，依法责令改正；拒不改正的，处1万元以上5万元以下的罚款；对情节严重的人力资源服务机构，吊销人力资源服务许可证。将用人单位、人力资源服务机构因发布含有性别歧视内容的招聘信息接受行政处罚等情况纳入人力资源市场诚信记录，依法实施失信惩戒。

（2）建立联合约谈机制。畅通窗口来访接待和12333、12338、12351热线等渠道，及时受理就业性别歧视相关举报投诉。根据举报投诉，对涉嫌就业性别歧视的用人单位开展联合约谈，采取谈话、对话、函询等方式，开展调查和调解，督促限期纠正就业性别歧视行为，及时化解劳动者和用人单位间的矛盾纠纷。被约谈单位拒不接受约谈或约谈后拒不改正的，依法进行查处，并通过媒体向社会曝光。

（3）健全司法救济机制。依法受理妇女就业性别歧视相关起诉，设置平等就业权纠纷案由。积极为遭受就业性别歧视的妇女提供法律咨询等法律帮助，为符合条件的妇女提供法律援助。积极为符合条件的遭受就业性别歧视的妇女提供司法救助。

97 女职工权益受到侵害时应如何维权？

《妇女权益保障法》《劳动法》《劳动合同法》《女职工劳动保护特别规定》等多部国家法律法规以及地方性法律法规，如《江苏省妇女权益保障条例》《江苏省女职工劳动保护特别规定》《江苏省职工生育保险规定》等，都明确规定了保护女职工合法权益和特殊利益，任何侵害女职工权益的行为都是违法的。广大女职工可以根据不同的侵权行为、侵权内容，通过以下途径依法维护自身合法权益。

（1）向工会及工会女职工组织寻求帮助

工会及其女职工组织是代表女职工利益的群众性组织，是党和政府联系广大女职工的桥梁和纽带，代表和维护广大女职工的合法权益与特殊利益是各级工会女职工组织的基本职责。因此，当女职工权益受到侵害时，可以向所在单位或地方的工会女职工组织寻求帮助。

（2）向调解组织、劳动争议仲裁委员会申请调解和仲裁

根据《劳动争议调解仲裁法》的相关规定，女职工因确认劳动关系发生的争议，因订立、履行、变更、解除和终止劳动合同发生的争议，因除名、辞退和辞职、离职发生的争议，因工作时间、休息休假、社会保险、福利、培训以及劳动保护发生的争议，因劳动报酬、工伤医疗费、经济补偿或者赔偿金等发生的争议，以及法律、法规规定的其他劳动争议，均可以与用人单位协商，也可以请工会或者第三方共同与用人单位协商，达成和解协议。

发生劳动争议，女职工不愿协商、协商不成或者达成和解协议后不履行的，可以向调解组织申请调解；不愿调解、调解不成或者达成调解协议后不履行的，可以向劳动争议仲裁委员会申请仲裁；对仲裁裁决不服的，除法律另有规定的外，可以向人民法院提起诉讼。

同时要注意，女职工向劳动争议仲裁委员会申请仲裁的时

效期间为一年，从当事人知道或者应当知道其权利被侵害之日起计算。对仲裁决定不服的，可以自收到仲裁裁决书之日起十五日内向人民法院提起诉讼；期满不起诉的，裁决书发生法律效力。

（3）要求有关主管部门处理

女职工因人身、财产权益受到侵害，可以要求公安机关制止和处理；因劳动和社会保障权益受到侵害，可以要求人力资源社会保障部门处理；对于通过大众传播媒介或者其他方式贬低损害女职工人格的行为，可以要求文化、广播电影电视、新闻出版或者其他有关部门依据各自的职权责令改正，并依法给予行政处罚。

（4）可以向人民法院提起诉讼

女职工的民事权益（如人身权益、财产权益、婚姻家庭权益等）受到公民或组织的侵害时，可以向人民法院提起民事诉讼；女职工的权益被行政机关及其工作人员的具体行政行为侵害时，可以将行政机关作为被告向人民法院提起行政诉讼；女职工遭遇侮辱、诽谤案，暴力干涉婚姻自由案、虐待案以及侵占案时，可以刑事自诉方式向人民法院提起刑事诉讼，要求追究行为人的刑事责任。

98 如何理解社会性别和社会性别平等主流化的概念？

社会性别（Gender）是相对于生理性别（Sex）而提出的概

念，指的是以人的生物特征为标志的生理性别为基础，由社会对两性特征、角色、责任及两性关系的期待、要求和评价标准不同所产生的差异，是社会意义上的性别，由社会制度及个人社会化过程所决定，可以随着社会性别理念的变化而改变。

社会性别平等是指所有人，不论男女，都可以自由发展个人能力和自由做出各种选择。社会性别平等意味着男性和女性的不同行为、期望和需求均能得到同等考虑、评价和照顾。社会性别平等并不意味着女性和男性必须变得一模一样，而是说他们的权利、责任和机遇，并不由他们生来是男还是女来决定。

性别平等是人类社会追求公平、正义与平等的永恒主题。"社会性别平等主流化"是基于社会观念、资源分配和社会结构一直存在着由后天社会性别所产生的性别歧视而提出的。1995年9月，联合国第四次世界妇女大会在北京召开，会上通过的《行动纲领》将社会性别平等观念纳入社会发展各领域的主流，被联合国确定为促进平等的全球战略。它强调，"在处理建立提高妇女地位的机制时，各国政府和其他行动者应提倡一项积极鲜明的政策，将性别观念纳入所有政策和方案的主流，以便在做出决定以前分析对妇女和男子各有什么影响"。1997年，联合国经济和社会理事会对社会性别平等主流化作了进一步的定义："所谓社会性别主流化是指在各个领域和各个层面上评估所有有计划的行动（包括立法、政策、方案）对男女双方的不同含义。作为一种策略方法，它使男女双方的关注和经验成为设计、实施、监督和评判政治、经济和社会领域所有政策方案的有机组成部分，从而使男女双方收益均等，不再有不平等发生。纳入主流的最终目标是实现男女平等。”

99 工会促进社会性别平等工作可以采取什么策略？

中国工会可以从工会组织自身和工会组织外部两个方面推进社会性别平等工作：

（1）工会组织自身

①通过工会的组织制度建设，提高各级工会领导干部及工会会员的社会性别平等意识，推动工会性别平等主流化。一方面，使工会机关各部门的工作具有社会性别平等视角，体现社会性别平等；另一方面，对社会性别平等的问题在工会机关的职能部门之间进行协调和落实，以免出现性别平等问题的边缘化。

②建立健全工会系统性别分类的统计数据库，在工会统计年鉴中设立性别分类统计指标，开发在工会中推进社会性别平等的分析方法和工具，将社会性别平等纳入各机构和各项具体工作的过程，使社会性别平等原则体现在工会的各项政策、规划、项目之中。

③将社会性别平等纳入工会各业务部门工作之中。在工会内部实现社会性别主流化需要通过各个业务部门的具体工作，这就需要在一般地提高认识的基础上，工会各个职能部门结合具体业务，有针对性地分析研究制订其实现社会性平等的计划、措施和策略。

对工会会员提供培训和开展宣传教育。宣传先进的性别文化，引导男女两性共同承担社会和家庭责任，在平等、合作地参与社会和家庭生活的过程中和谐发展，在未来社会中实现双赢。

（2）工会组织外部

工会通过影响政府机构、企事业单位、新闻媒体、其他群众团体和社会公众，创造实现社会性别平等的条件，营造社会性别平等主流化的氛围。

①对各级党委和政府及人大、政协、司法机构，要参与立法，从社会性别平等的视角去分析国家现有的与职工相关的法律法规、政策、规划等，对存在性别歧视和性别盲视的问题，向政府及有关部门提出修改意见和建议；对现有的法律法规执行中缺乏社会性别平等视角的问题，对有法不依、执法不严、违法不究的现象进行监督。

②对企事业等用人单位，要代表职工同企事业单位领导者就性别平等问题进行协商，监督并纠正企事业单位在性别平等方面的错误行为，维护男女职工的合法权利。督促、协助企事业单位加大资金和技术投入，改善劳动安全卫生条件，对男女职工实行积极的劳动保护。

③对新闻媒体，要利用自办媒体、社会新闻媒体，通过传统渠道和互联网渠道宣传社会性别平等观念，监督媒体对女性的宣传报道，反对强化女性的传统角色和性别歧视的舆论宣传；利用各种形式和途径，使社会性别平等观念进入我国的主流文化，营造两性和谐、可持续发展的良好社会环境。

④对社会伙伴，要加强同妇联组织、各相关部门和团体等

社会伙伴的合作，就有关社会性别平等的问题听取各方的意见并沟通相关信息，整合社会资源，通力合作，携手解决我国社会发展中遇到的性别问题。

100 工会推进社会性别平等主流化的重点工作有哪些?

（1）加强以“劳动领域为重点”的权益保障工作。我国劳动力市场和企业内部存在的一些侵害女职工的劳动权益、阻碍就业与职业发展的性别不平等现象，对女职工群体和整个社会产生了不利影响。因此，在我国推进社会性别平等，应以劳动领域为重点，加强对女职工的维权工作。

（2）加强以“女代表和女领导比例为突破口”的女职工社会参与平台和机制建设。目前，党政及工会机关中女性领导数量和层次普遍偏低，企业中的职工代表大会女代表、职工董事和职工监事中女性比例也不理想。各级工会，特别是基层工会要以提升“女代表和女领导比例为突破口”，加强女职工社会参与平台和机制建设。

（3）加强社会性别平等培训。工会干部和工会会员缺乏社会性别平等意识，对存在的社会性别不平等问题缺乏敏感性，特别是工会领导和决策层存在缺乏社会性别平等意识而导致决策和具体工作中对社会性别平等重视不够的问题。需要工会自身加强从普通会员到领导干部各个层次的培训，提升社会性别平等意识，形成全社会提升社会性别平等意识的合理性和自觉性。

（4）营造平等氛围，加强社会监督。工会要广泛利用社会资源，推进社会性别平等主流化工作。应借助有关部门和有关方面的力量，加强女职工维权工作，通过建立健全社会化的维权机制，充分发掘和利用社会资源，借助社会舆论和行政执法部门的监督力量，发动全社会关心和关注女职工的生存状态，齐心协力、共同促进社会性别平等工作。

GONG HUI NÜ ZHI GONG
GONG ZUO ZI CE TI

第六部分

工会女职工工作自测题

一、单选题

1. 企业、事业单位、机关和其他社会组织等工会基层委员会有（ ）人以上的建立女职工委员会，不足（ ）人的设女职工委员。

A. 女职工 10 人 10 人

B. 女会员 10 人 10 人

C. 女职工 25 人 25 人

D. 女会员 25 人 5 人

2. 选出以下表述正确的一项。（ ）

A. 女职工委员会与工会委员会同时建立

B. 女职工委员会委员由上级工会委员会提名

C. 女职工委员会委员必须召开女职工大会或者女职工代表大会选举产生

D. 村级工会可以不设女职工委员会

3. 女职工（ ）人以上的企业、事业单位工会女职工委员会，应配备专职女职工工作干部。

A. 25　　B. 100

C. 200　　D. 1000

4. 下列哪项表述是错误的？（ ）

A. 用人单位应当加强女职工劳动保护，采取措施改善女职工劳动安全卫生条件，对女职工进行劳动安全卫生知识培训

B. 用人单位应当将本单位属于女职工禁忌从事的劳动范围的岗位书面告知女职工

C. 用人单位应当遵守女职工禁忌从事的劳动范围的规定

D. 女职工禁忌从事的劳动范围由省级人民政府安全生产监督管理部门根据经济社会发展情况进行调整

5. 下列哪项关于孕期女职工劳动保护的表述是错误的？（　）

A. 女职工在孕期不能适应原劳动的，用人单位应当根据医疗机构的证明，予以减轻劳动量或者安排其他能够适应的劳动

B. 用人单位不得安排怀孕女职工延长劳动时间或者夜班劳动

C. 用人单位应当给怀孕 7 个月以上的女职工在劳动时间内安排一定的休息时间

D. 怀孕女职工在劳动时间内进行产前检查，所需时间计入劳动时间

6. 根据《女职工劳动保护特别规定》规定，女职工生育享受产假（　）天，其中产前可以休假（　）天。

A. 90　10　　B. 98　10

C. 90　15　　D. 98　15

7. 根据《女职工劳动保护特别规定》规定，已经参加生育保险的女职工产假期间的生育津贴如何支付？（　）

A. 按照用人单位上年度职工月平均工资的标准由生育保险基金支付

B. 按照用人单位所在地社会平均工资的标准由生育保险基金支付

C. 按照女职工产假前工资的标准由用人单位支付

D. 按照女职工产假前工资的标准由生育保险基金支付

8. 小王婚后生育了一对双胞胎，休完产假上班后，用人单位的下列做法哪项是错误的？（ ）

A. 休完产假上班后逐步恢复原有的劳动量

B. 告诉小王在孩子满一周岁前可以不用加班

C. 在每天的劳动时间内给小王 1 小时哺乳时间

D. 没有把小王列在夜班值班表上

9. 根据《女职工劳动保护特别规定》，女职工怀孕 3 个月流产的，享受产假（ ）天。

A. 10　　B. 15

C. 20　　D. 42

10. 根据《女职工劳动保护特别规定》，用人单位不得因女职工（ ）降低其工资、予以辞退、与其解除劳动或者聘用合同。

A. 怀孕、生育、哺乳

B. 经期、孕期、产期、哺乳期

C. 怀孕、流产、生病

D. 处于医疗期

11. 中华人民共和国境内的（ ）以及其他社会组织等用人单位及其女职工，适用《女职工劳动保护特别规定》。

A. 企业、事业单位、社会团体

B. 国家机关、企业、事业单位

C. 国家机关、企业、事业单位、社会团体

D. 国家机关、企业、事业单位、社会团体、个体经济组织

12.《女职工劳动保护特别规定》第十一条规定：在（ ），用人单位应当预防和制止对女职工的性骚扰。

A. 工作岗位　　　　B. 劳动场所

C. 工作期间　　　　D. 劳动岗位

13. 根据《关于进一步规范招聘行为促进妇女就业的通知》，以下哪项不属于招聘环节中的就业性别歧视？（ ）

A. 在女职工禁忌劳动岗位招聘启事上限定只招男性

B. 询问妇女婚育情况

C. 以性别为由限制妇女求职就业、拒绝录用妇女

D. 将妊娠测试作为入职体检项目

14. 以下哪项不属于女职工禁忌从事的劳动范围？（ ）

A. 矿山井下作业

B. 森林业伐木、归楞及流放作业

C. 体力劳动强度分级标准中规定的第四级体力劳动强度的作业

D. 每小时负重 6 次以上、每次负重超过 20 公斤的作业，或者间断负重、每次负重超过 25 公斤的作业

15. 根据《劳动部关于〈中华人民共和国劳动法〉若干条文的说明》规定，同工同酬是指用人单位应当对（ ），支付相同的劳动报酬。

A. 从事同种工作的劳动者

B. 相同岗位、付出等量劳动的劳动者

C. 从事同种工作、付出等量劳动的劳动者

D. 从事同种工作、付出等量劳动且取得相同劳绩的劳动者

16. 根据相关规定，工资包含（　）。

A. 工资、奖金、福利待遇

B. 劳动者因履行劳动义务而获得的，由用人单位依法定方式支付的各种形式的物质补偿

C. 计时工资、计件工资、奖金、津贴和补贴、加班加点工资以及特殊情况下支付的货币性收入

D. 劳动者付出体力或脑力劳动所得的对价

17. 下列用人单位的做法正确的是（　）。

A. 某公司在招用销售经理时要求必须是男性

B. 某企业在内部晋升招聘中要求 5 年内不得结婚、生育

C. 某酒店在服务员的工资中扣除了服装费押金

D. 某企业因女职工怀孕，在与其协商一致后将其调离了需要经常加班的岗位

18. 在下列哪种情况下，怀孕女职工可以被解除劳动合同？（　）

A. 不胜任工作的

B. 医疗期满不能来上班的

C. 严重违反单位规章制度的

D. 企业经济效益不好裁员的

19. 什么样的情况下，用人单位可以与哺乳期女职工终止劳动合同？（　）

A. 劳动合同到期的

B. 劳动合同约定的终止条件出现的

C. 用人单位破产主体资格消失的

D. 女职工不同意用人单位变更工作地点的

20. 对女职工工作时间的安排，下列哪项是错误的？（　）

A. 怀孕7个月以上的女职工，不得延长劳动时间

B. 哺乳未满周岁婴儿的女职工不得安排夜班劳动

C. 孕期女职工在劳动时间内进行产前检查的，所需时间计入劳动时间

D. 生育双胞胎的女职工在婴儿周岁前的每日劳动时间内安排不少于1小时的哺乳时间

21. 目前国家法定的企业职工退休年龄是（　）。

A. 男年满60周岁，女工人年满50周岁，女干部年满55周岁

B. 男年满60周岁，女年满50周岁

C. 男年满60周岁，女年满55周岁

D. 年满55周岁

22. 下列关于产假的表述中，哪项是错误的？（　）

A. 国家规定产假为98天

B. 符合法律、法规规定生育子女的夫妻，可以获得延长产假的奖励

C. 女职工休完产假不再享受带薪年休假

D. 女职工产假期间享受生育津贴或产假工资

23. 下列关于生育保险的表述，哪项是错误的？（　）

A. 生育保险是国家通过立法，对因生育子女而暂时中断劳动的女职工给予生活保障和物质帮助的一项社会保险制度

B. 生育保险由用人单位缴费，职工无须缴费

C. 职工领取了生育津贴还能再要求发放产假期间的工资

D. 用人单位应该按照职工工资总额的一定比例缴纳生育保险费，而不是只按照女职工的工资总额来缴费

24. 工会女职工组织机构大致可以分为全国性机构、地方性机构、（　）和基层组织。

A. 机关、企事业单位机构　B. 产业性机构

C. 行业性机构　D. 区域性机构

25. 有哺乳婴儿（　）名以上的单位，应逐步建立哺乳室。

A. 3　B. 5

C. 8　D. 10

26. 用人单位应当将本单位属于女职工禁忌从事的劳动范围的岗位（　）女职工。

A. 明确告知　B. 口头告知

C. 充分告知　D. 书面告知

27. 根据《女职工劳动保护特别规定》，女职工在孕期不能适应原劳动的，用人单位应当根据（　），予以减轻劳动量或者安排其他能够适应的劳动。

A. 女职工要求

B. 女职工身体状况和单位实际状况

C. 医疗机构的证明

D. 工会与女职工协商的情况

28. 根据《女职工劳动保护特别规定》，怀孕女职工在劳动时间内进行产前检查，所需时间计入（　）。

A. 事假　　B. 病假
C. 劳动时间　　D. 年休假

29. 根据《妇女权益保障法》，各单位在录用职工时，除不适合妇女的工种或者岗位外，不得以（　）为由拒绝录用妇女或者提高对妇女的录用标准。

A. 性别　　B. 相貌
C. 身高　　D. 学历

30. 根据《妇女权益保障法》，各单位在录用女职工时，应当依法与其签订劳动（聘用）合同或者服务协议，劳动（聘用）合同或者服务协议中不得规定限制女职工的（　）内容。

A. 结婚、生育　　B. 恋爱、结婚
C. 休息、休假　　D. 培训、晋升

31. 根据《妇女权益保障法》，禁止录用未满（　）周岁的女性未成年人，国家另有规定的除外。

A. 10　　B. 14
C. 16　　D. 18

32. 根据《妇女权益保障法》，在（　）等方面，应当坚持男女平等的原则，不得歧视妇女。

A. 培训、晋升
B. 晋职、晋级、评定专业技术职务
C. 晋级、晋升、评优评先
D. 选举职工代表、评定专业技术职务、实行退休制度

33. 根据《妇女权益保障法》，各单位在执行国家退休制度时，不得以（　）为由歧视妇女。

A. 性别　　B. 年龄

C. 健康状况　　D. 工作能力

34. 根据《人口与计划生育法》，符合法律、法规规定生育子女的夫妻，可以获得（　）。

A. 延长生育假的奖励或者其他福利待遇

B. 计划生育奖励假

C. 国家的表彰和奖励

D. 用人单位的物质补贴、带薪假期等相关福利待遇

35. 根据《工会女职工委员会工作条例》，基层工会女职工委员会（　）与工会委员会同时报上级工会审批。

A. 委员　　B. 主任、委员

C. 主任、副主任、委员　　D. 主任、副主任

36. 根据《工会女职工委员会工作条例》，（　）工会女职工委员会根据工作需要可聘请顾问若干人。

A. 市以上　　B. 县以上

C. 基层　　D. 乡镇

37. 根据《工会女职工委员会工作条例》，在（　）中，女职工代表的比例应与女职工占职工总数的比例相适应。

A. 工会代表大会　　B. 职工代表大会

C. 教职工代表大会　　D. 以上都是

38. 根据《工会女职工委员会工作条例》，女职工委员会主任由同级工会女主席或女副主席担任，也可经民主协商，按照相应条件配备，享受（　）待遇。

A. 同级工会副主席　　B. 党政副职级

C. 行政副职级　　　　　　　D. 中层干部

39. 根据《工会女职工委员会工作条例》，工会女职工委员会要定期向（　）报告工作。

A. 同级工会委员会

B. 上级工会女职工委员会

C. 本级工会委员会和上一级工会委员会

D. 同级工会委员会和上级工会女职工委员会

40. 根据《劳动合同法》，劳动合同期满，女职工在（　）的，劳动合同应当续延至相应的情形消失时终止。

A. 孕期　　　　　　　　　B. 产期

C. 哺乳期　　　　　　　　D. 以上都是

二、多选题

1. 选出以下正确的表述。（　）

A. 女职工委员会委员任期与同级工会委员会委员任期相同

B. 女职工委员会主任享受同级工会副主席待遇

C. 女职工委员会主任可以提名为同级工会委员会或常务委员会委员候选人

D. 女职工委员会实行民主集中制。凡属重大问题，要广泛听取女职工意见，由委员会或常务委员会进行充分的民主讨论后作出决定

2. 国家保障妇女享有与男子平等的（　）。

A. 政治权利

B. 文化教育权利

C. 劳动权利和社会保障权利

D. 财产权利

E. 人身权利

F. 婚姻家庭权利

3. 妇女在（ ）受特殊保护。

A. 经期　　B. 孕期

C. 产期　　D. 哺乳期

4. 根据《女职工劳动保护特别规定》，下列哪些情况由县级以上人民政府人力资源社会保障行政部门责令限期改正，按照受侵害女职工每人 1000 元以上 5000 元以下的标准计算，处以罚款？（ ）

A. 因为人手不足，要求怀孕 8 个月的女职工从事夜班劳动

B. 女职工生育休了 3 个月产假后要求女职工正常上班

C. 因为订单繁忙，要求怀孕满 4 个月的女职工加班

D. 要求孩子未满一周岁的女职工到外地出差两周

5. 根据《女职工劳动保护特别规定》，下列哪些情况下情节严重的，可以提请有关人民政府按照国务院规定的权限责令关闭？（ ）

A. 要求怀孕女职工从事抗癌药物、己烯雌酚生产，接触麻醉剂气体等的作业

B. 要求怀孕女职工从事需要频繁弯腰、攀高、下蹲的作业

C. 要求哺乳期女职工从事作业场所空气中铅及其化合物等有毒物质浓度超过国家职业卫生标准的作业

D. 要求哺乳期女职工从事体力劳动强度分级标准中规定的

第三级、第四级体力劳动强度的作业

6. 下列关于女职工权益保护专项集体合同表述正确的有哪些？（　）

A. 企业职工一方与用人单位可以订立劳动安全卫生、女职工权益保护、工资调整机制等专项集体合同

B.《女职工权益保护专项集体合同（草案）》应提交职工代表大会或职工大会审议通过

C. 女职工权益保护专项集体合同签订后，要报送当地劳动保障行政部门进行审查

D. 劳动保障行政部门自收到文本之日起 20 日内未提出异议的，女职工权益保护专项集体合同即行生效

7. 职工在哪些情况下可以享受生育保险待遇？（　）

A. 生育女职工享受产假期间的生育津贴、生育医疗费用

B. 终止妊娠女职工享受流产假期间的生育津贴、生育医疗费用

C. 男职工未就业配偶享受生育医疗费用

D. 职工在施行计划生育手术时享受生育医疗费用

8. 根据《女职工劳动保护特别规定》，对（　）的女职工，用人单位不得延长劳动时间或者安排夜班劳动。

A. 处于经期的女职工

B. 怀孕 7 个月以上的女职工

C. 处于备孕期的女职工

D. 哺乳未满 1 周岁婴儿的女职工

9. 以下哪些属于女职工委员会的基本任务？（　）

A. 加强思想政治引领，组织女职工认真学习习近平新时代

中国特色社会主义思想，开展理想信念教育，承担团结引导女职工听党话、跟党走的政治责任

B. 教育女职工践行社会主义核心价值观，树立自尊、自信、自立、自强精神，不断提高思想道德素质、科学文化素质、技术技能素质和身心健康素质，建设有理想、有道德、有文化、有纪律的女职工队伍

C. 按照“五位一体”总体布局和“四个全面”战略布局要求，践行新发展理念，把握为实现中华民族伟大复兴的中国梦而奋斗的工人运动时代主题，弘扬劳模精神、劳动精神、工匠精神，动员和组织广大女职工在改革发展稳定第一线建功立业

D. 依法维护女职工在政治、经济、文化、社会和家庭等方面的合法权益和特殊利益，同一切歧视、虐待、摧残、迫害女职工的行为作斗争

10. 《劳动合同法》规定，企业职工一方与用人单位可以订立（　）等专项集体合同。

A. 职业技能提升　　B. 劳动安全卫生

C. 女职工权益保护　　D. 工资调整机制

参考答案

一、单选题：

1. B	2. A	3. C	4. D	5. B
6. D	7. A	8. C	9. B	10. A
11. D	12. B	13. A	14. B	15. D
16. C	17. D	18. C	19. C	20. D
21. A	22. C	23. C	24. B	25. B
26. D	27. C	28. C	29. A	30. A
31. C	32. B	33. A	34. A	35. D
36. B	37. D	38. A	39. D	40. D

二、多选题：

1. ABD	2. ABCDEF	3. ABCD	4. AB	5. ABC
6. ABC	7. ABCD	8. BD	9. ABCD	10. BCD

FU LU

附　录

中国工会章程

（中国工会第十八次全国代表大会部分修改，2023 年 10 月 12 日通过）

总　　则

中国工会是中国共产党领导的职工自愿结合的工人阶级群众组织，是党联系职工群众的桥梁和纽带，是国家政权的重要社会支柱，是会员和职工利益的代表。

中国工会以宪法为根本活动准则，按照《中华人民共和国工会法》和本章程独立自主地开展工作，依法行使权利和履行义务。

工人阶级是我国的领导阶级，是先进生产力和生产关系的代表，是中国共产党最坚实最可靠的阶级基础，是改革开放和社会主义现代化建设的主力军，是维护社会安定的强大而集中的社会力量。中国工会高举中国特色社会主义伟大旗帜，坚持马克思列宁主义、毛泽东思想、邓小平理论、“三个代表”重要思想、科学发展观，全面贯彻习近平新时代中国特色社会主义思想，贯彻执行党的以经济建设为中心，坚持四项基本原则，坚持改革开放的基本路线，保持和增强政治性、先进性、群众性，坚定不移地走中国特色社会主义工会发展道路，推动党的全心全意依靠工人阶级的根本指导方针的贯彻落实，全面履行工会的社会职能，在维护全国人民总体利益的同时，更好地表达和维护职工的具体利益，团结和动员全国职工自力更生、艰苦创业，坚持和发展中国特色社会主义，为全面建成社会主义现代化强国、实现第二个百年奋斗目标，以中国式现代化全面推进中华民族伟大复兴而奋斗。

中国工会坚持自觉接受中国共产党的领导，承担团结引导职工群众听党话、跟党走的政治责任，巩固和扩大党执政的阶级基础和群众基础。

中国工会的基本职责是维护职工合法权益、竭诚服务职工群众。

中国工会按照中国特色社会主义事业“五位一体”总体布局和“四个全面”战略布局，贯彻创新、协调、绿色、开放、共享的新发展理念，把握为实现中华民族伟大复兴的中国梦而奋斗的工人运动时代主题，弘扬劳模精神、劳动精神、工匠精神，动员和组织职工积极参加建设和改革，努力促进经济、政治、文化、社会和生态文明建设；发展全过程人民民主，代表和组织职工参与管理国家事务、管理经济和文化事业、管理社会事务，参与企业、事业单位、机关、社会组织的民主管理；教育职工践行社会主义核心价值观，不断提高思想道德素质、科学文化素质和技术技能素质，建设有理想、有道德、有文化、有纪律的职工队伍，不断发展工人阶级先进性。

中国工会以忠诚党的事业、竭诚服务职工为己任，坚持组织起来、切实维权的工作方针，坚持以职工为本、主动依法科学维权的维权观，促进完善社会主义劳动法律，维护职工的经济、政治、文化和社会权利，参与协调劳动关系和社会利益关系，推动构建和谐劳动关系，促进经济高质量发展和社会的长期稳定，维护工人阶级和工会组织的团结统一，为构建社会主义和谐社会作贡献。

中国工会维护工人阶级领导的、以工农联盟为基础的人民民主专政的社会主义国家政权，协助人民政府开展工作，依法发挥民主参与和社会监督作用。

中国工会推动产业工人队伍建设改革，强化产业工人思想政治引领，提高产业工人队伍整体素质，发挥产业工人骨干作用，维护产业工人合法权益，保障产业工人主人翁地位，造就一支有理想守信念、懂技术会创新、敢担当讲奉献的宏大产业工人队伍。

中国工会在企业、事业单位、社会组织中，按照促进企事业和社会组织发展、维护职工权益的原则，支持行政依法行使管理权力，组织职工参与本单位民主选举、民主协商、民主决策、民主管理和民主监督，与行政方面建立协商制度，保障职工的合法权益，调动职工的积极性，促进企业、事业单位、社会组织的发展。

中国工会实行产业和地方相结合的组织领导原则，坚持民主集中制。

中国工会坚持以改革创新精神加强自身建设，健全联系广泛、服务职工的工作体系，增强团结教育、维护权益、服务职工的功能，坚持群众化、民主化，保持同会员群众的密切联系，依靠会员群众开展工会工作。各级工会领导机关坚持把工作重点放到基层，着力扩大覆盖面、增强代表性，着力强化服务意识、提高维权能力，着力加强队伍建设、提升保障水平，坚持服务职工群众的工作生命线，全心全意为基层、为职工服务，构建智慧工会，增强基层工会的吸引力凝聚力战斗力，把工会组织建设得更加充满活力、更加坚强有力，成为深受职工群众信赖的学习型、服务型、创新型“职工之家”。

工会兴办的企业、事业单位，坚持公益性、服务性，坚持为改革开放和发展社会生产力服务，为职工群众服务，为推进工运事业服务。

中国工会努力巩固和发展工农联盟，坚持最广泛的爱国统一战线，加强包括香港特别行政区同胞、澳门特别行政区同胞、台湾同胞和海外侨胞在内的全国各族人民的大团结，促进祖国的统一、繁荣和富强。

中国工会在国际事务中坚持独立自主、互相尊重、求同存异、加强合作、增进友谊的方针，在独立、平等、互相尊重、互不干涉内部事务的原则基础上，广泛建立和发展同国际和各国工会组织的友好关系，积极参与“一带一路”建设，增进我国工人阶级同各国工人阶级的友谊，同全世界工人和工会一起，在推动构建人类命运共同体中发挥作用，为世界的和平、发展、合作、工人权益和社会进步而共同努力。

中国工会深入学习贯彻习近平总书记关于党的建设的重要思想，落实新时代党的建设总要求，贯彻全面从严治党战略方针，以党的政治建设为统领，加强党的建设，深刻领悟“两个确立”的决定性意义，增强“四个意识”、坚定“四个自信”、做到“两个维护”，在思想上政治上行动上同以习近平同志为核心的党中央保持高度一致。

第一章　会　　员

第一条　凡在中国境内的企业、事业单位、机关、社会组织中，以工资收入为主要生活来源或者与用人单位建立劳动关系的劳动者，不分民族、种族、性别、职业、宗教信仰、教育程度，承认工会章程，都可以加入工会为会员。

工会适应企业组织形式、职工队伍结构、劳动关系、就业形态等方面的发展变化，依法维护劳动者参加和组织工会的权利。

第二条　职工加入工会，由本人自愿申请，经基层工会委员会批准并发给会员证。

第三条　会员享有以下权利：

（一）选举权、被选举权和表决权。

（二）对工会工作进行监督，提出意见和建议，要求撤换或者罢免不称职的工会工作人员。

（三）对国家和社会生活问题及本单位工作提出批评与建议，要求工会组织向有关方面如实反映。

（四）在合法权益受到侵犯时，要求工会给予保护。

（五）工会提供的文化、教育、体育、旅游、疗休养、互助保障、生活救助、法律服务、就业服务等优惠待遇；工会给予的各种奖励。

（六）在工会会议和工会媒体上，参加关于工会工作和职工关心问题的讨论。

第四条 会员履行下列义务：

（一）认真学习贯彻习近平新时代中国特色社会主义思想，学习政治、经济、文化、法律、科技和工会基本知识等。

（二）积极参加民主管理，努力完成生产和工作任务，立足本职岗位建功立业。

（三）遵守宪法和法律，践行社会主义核心价值观，弘扬中华民族传统美德，恪守社会公德、职业道德、家庭美德、个人品德，遵守劳动纪律。

（四）正确处理国家、集体、个人三者利益关系，向危害国家、社会利益的行为作斗争。

（五）维护中国工人阶级和工会组织的团结统一，发扬阶级友爱，搞好互助互济。

（六）遵守工会章程，执行工会决议，参加工会活动，按月交纳会费。

第五条 会员组织关系随劳动（工作）关系变动，凭会员证明接转。

第六条 会员有退会自由。会员退会由本人向工会小组提出，由基层工会委员会宣布其退会并收回会员证。

会员没有正当理由连续六个月不交纳会费、不参加工会组织生活，经教育拒不改正，应当视为自动退会。

第七条 对不执行工会决议、违反工会章程的会员，给予批评教育。对严重违法犯罪并受到刑事处罚的会员，开除会籍。

开除会员会籍，须经工会小组讨论，提出意见，由基层工会委员会决定，报上一级工会备案。

第八条 会员离休、退休和失业，可保留会籍。保留会籍期间免交会费。

工会组织要关心离休、退休和失业会员的生活，积极向有关方面反映他们的愿望和要求。

第二章 组织制度

第九条 中国工会实行民主集中制，主要内容是：

（一）个人服从组织，少数服从多数，下级组织服从上级组织。

（二）工会的各级领导机关，除它们派出的代表机关外，都由民主选举产生。

（三）工会的最高领导机关，是工会的全国代表大会和它所产生的中华全国总工会执行委员会。工会的地方各级领导机关，是工会的地方各级代表大会和它所产生的总工会委员会。

（四）工会各级委员会，向同级会员大会或者会员代表大会负责并报告工作，接受会员监督。会员大会和会员代表大会有权撤换或者罢免其所选举的代表和工会委员会组成人员。

（五）工会各级委员会，实行集体领导和分工负责相结合的制度。凡属重大问题由委员会民主讨论，作出决定，委员会成员根据集体的决定和分工，履行自己的职责。

（六）工会各级领导机关，加强对下级组织的领导和服务，经常向下级组织通报情况，听取下级组织和会员的意见，研究和解决他们提出的问题。下级组织应及时向上级组织请示报告工作。

第十条 工会各级代表大会的代表和委员会的产生，要充分体现选举人的意志。候选人名单，要反复酝酿，充分讨论。选举采用无记名投票方式，可以直接采用候选人数多于应选人数的差额选举办法进行正式选举，也可以先采用差额选举办法进行预选，产生候选人名单，然后进行正式选举。任何组织和个人，不得以任何方式强迫选举人选举或不选举某个人。

第十一条 中国工会实行产业和地方相结合的组织领导原则。同一企业、事业单位、机关、社会组织中的会员，组织在一个基层工会组织中；同一行业或者性质相近的几个行业，根据需要建立全国的或者地方的产业工会组织。除少数行政管理体制实行垂直管理的产业，其产业工会实行产业工会和地方工会双重领导，以产业工会领导为主外，其他产业工会均实行以地方工会领导为主，同时接受上级产业工会领导的体制。各产业工会的领导体制，由中华全国总工会确定。

省、自治区、直辖市，设区的市和自治州，县（旗）、自治县、不设区的市建立地方总工会。地方总工会是当地地方工会组织和产业工会地方组织的领导机关。全国建立统一的中华全国总工会。中华全国总工会是各级地方总工会和各产业工会全国组织的领导机关。

中华全国总工会执行委员会委员和产业工会全国委员会委员实行替补制，各级地方总工会委员会委员和地方产业工会委员会委员，也可以实行替补制。

第十二条 县和县以上各级地方总工会委员会，根据工作需要可以派出代表机关。

县和县以上各级工会委员会，在两次代表大会之间，认为有必要时，可以召集代表会议，讨论和决定需要及时解决的重大问题。代表会议代表的名额和产生办法，由召集代表会议的总工会决定。

全国产业工会、各级地方产业工会、乡镇工会、城市街道工会和区域性、行业性工会联合会的委员会，可以按照联合制、代表制原则，由下一级工会组织民主选举的主要负责人和适当比例的有关方面代表组成。

上级工会可以派员帮助和指导用人单位的职工组建工会。

第十三条 各级工会代表大会选举产生同级经费审查委员会。中华全国总工会经费审查委员会设常务委员会，省、自治区、直辖市总工会经费审查委员会和独立管理经费的全国产业工会经费审查委员会，应当设常务委员会。经费审查委员会负责审查同级工会组织及其直属企业、事业单位的经费收支和资产管理情况，监督财经法纪的贯彻执行和工会经费的使用，并接受上级工会经费审查委员会的指导和监督。工会经费审查委员会向同级会员大会或会员代表大会负责并报告工作；在大会闭会期间，向同级工会委员会负责并报告工作。

上级经费审查委员会应当对下一级工会及其直属企业、事业单位的经费收支和资产管理情况进行审查。

中华全国总工会经费审查委员会委员实行替补制，各级地方总工会经费审查委员会委员和独立管理经费的产业工会经费审查委员会委员，也可以实行替补制。

第十四条　各级工会建立女职工委员会，表达和维护女职工的合法权益。女职工委员会由同级工会委员会提名，在充分协商的基础上组成或者选举产生，女职工委员会与工会委员会同时建立，在同级工会委员会领导下开展工作。企业工会女职工委员会是县或者县以上妇联的团体会员，通过县以上地方工会接受妇联的业务指导。

第十五条　县和县以上各级工会组织应当建立法律服务机构，为保护职工和工会组织的合法权益提供服务。

各级工会组织应当组织和代表职工开展劳动法律监督。

第十六条　成立或者撤销工会组织，必须经会员大会或者会员代表大会通过，并报上一级工会批准。基层工会组织所在的企业终止，或者所在的事业单位、机关、社会组织被撤销，该工会组织相应撤销，并报上级工会备案。其他组织和个人不得随意撤销工会组织，也不得把工会组织的机构撤销、合并或者归属其他工作部门。

第三章　全 国 组 织

第十七条　中国工会全国代表大会，每五年举行一次，由中华全国总工会执行委员会召集。在特殊情况下，由中华全国总工会执行委员会主席团提议，经执行委员会全体会议通过，可以提前或者延期举行。代表名额和代表选举办法由中华全国总工会决定。

第十八条　中国工会全国代表大会的职权是：

（一）审议和批准中华全国总工会执行委员会的工作报告。

（二）审议和批准中华全国总工会执行委员会的经费收支情况报告和经费审查委员会的工作报告。

（三）修改中国工会章程。

（四）选举中华全国总工会执行委员会和经费审查委员会。

第十九条　中华全国总工会执行委员会，在全国代表大会闭会期间，负责贯彻执行全国代表大会的决议，领导全国工会工作。

执行委员会全体会议选举主席一人、副主席若干人、主席团委员若干人，组成主席团。

执行委员会全体会议由主席团召集，每年至少举行一次。

第二十条　中华全国总工会执行委员会全体会议闭会期间，由主席团行使执行委员会的职权。主席团全体会议，由主席召集。

主席团闭会期间，由主席、副主席组成的主席会议行使主席团职权。主席会议由中华全国总工会主席召集并主持。

主席团下设书记处，由主席团在主席团成员中推选第一书记一人，书记若干人组成。书记处在主席团领导下，主持中华全国总工会的日常工作。

第二十一条　产业工会全国组织的设置，由中华全国总工会根据需要确定。

产业工会全国委员会的建立，经中华全国总工会批准，可以按照联合制、代表制原则组成，也可以由产业工会全国代表大会选举产生。全国委员会每届任期五年。任期届满，应当如期召开会议，进行换届选举。在特殊情况下，经中华全国总工会批准，可以提前或者延期举行。

产业工会全国代表大会和按照联合制、代表制原则组成的产业工会全国委员会全体会议的职权是：审议和批准产业工会全国委员会的工作报告；选举产业工会全国委员会或者产业工会全国委员会常务委员会。独立管理经费的产业工会，选举经费审查委员会，并向产业工会全国代表大会或者委员会全体会议报告工作。产业工会全国委员会常务委员会由主席一人、副主席若干人、常务委员若干人组成。

第四章　地方组织

第二十二条　省、自治区、直辖市，设区的市和自治州，县（旗）、自治县、不设区的市的工会代表大会，由同级总工会委员会召集，每五年举行一次。在特殊情况下，由同级总工会委员会提议，经上一级工会批准，可以提前或者延期举行。工会的地方各级代表大会的职权是：

（一）审议和批准同级总工会委员会的工作报告。

（二）审议和批准同级总工会委员会的经费收支情况报告和经费审查委员会的工作报告。

（三）选举同级总工会委员会和经费审查委员会。

各级地方总工会委员会，在代表大会闭会期间，执行上级工会的决定和同级工会代表大会的决议，领导本地区的工会工作，定期向上级总工会委员会报告工作。

根据工作需要，省、自治区总工会可在地区设派出代表机关。直辖市和设区的市总工会在区一级建立总工会。

县和城市的区可在乡镇和街道建立乡镇工会和街道工会组织，具备条件的，建立总工会。

第二十三条　各级地方总工会委员会选举主席一人、副主席若干人、常务委员若干人，组成常务委员会。工会委员会、常务委员会和主席、副主席以及经费审查委员会的选举结果，报上一级总工会批准。

各级地方总工会委员会全体会议，每年至少举行一次，由常务委员会召集。各级地方总工会常务委员会，在委员会全体会议闭会期间，行使委员会的职权。

第二十四条　各级地方产业工会组织的设置，由同级地方总工会根据本地区的实际情况确定。

第五章　基层组织

第二十五条　企业、事业单位、机关、社会组织等基层单位，应当依法建立工会组织。社区和行政村可以建立工会组织。从实际出发，建立区域性、行业性工会联合会，推进新经济组织、新社会组织工会组织建设。

有会员二十五人以上的，应当成立基层工会委员会；不足二十五人的，可以单独建立基层工会委员会，也可以由两个以上单位的会员联合建立基层工会委员会，也可以选举组织员或者工会主席一人，主持基层工会工作。基层工会委员会有女会员十人以上的建立女职工委员会，不足十人的设女职工委员。

职工二百人以上企业、事业单位、社会组织的工会设专职工会主席。工会专职工作人员的人数由工会与企业、事业单位、社会组织协商确定。

基层工会组织具备民法典规定的法人条件的，依法取得社会团体法人资格，工会主席为法定代表人。

第二十六条　基层工会会员大会或者会员代表大会，每年至少召开一次。经基层工会委员会或者三分之一以上的工会会员提议，可以临时召开会员大会或者会员代表大会。工会会员在一百人以下的基层工会应当召开会员大会。

工会会员大会或者会员代表大会的职权是：

（一）审议和批准基层工会委员会的工作报告。

（二）审议和批准基层工会委员会的经费收支情况报告和经费审查委员会的工作报告。

（三）选举基层工会委员会和经费审查委员会。

（四）撤换或者罢免其所选举的代表或者工会委员会组成人员。

（五）讨论决定工会工作的重大问题。

基层工会委员会和经费审查委员会每届任期三年或者五年，具体任期由会员大会或者会员代表大会决定。任期届满，应当如期召开会议，进行换届选举。在特殊情况下，经上一级工会批准，可以提前或者延期举行。

会员代表大会的代表实行常任制，任期与本单位工会委员会相同。

第二十七条　基层工会委员会的委员，应当在会员或者会员代表充分酝酿协商的基础上选举产生；主席、副主席，可以由会员大会或者会员代表大会直接选举产生，也可以由基层工会委员会选举产生。大型企业、事业单位的工会委员会，根据工作需要，经上级工会委员会批准，可以设立常务委员会。基层工会委员会、常务委员会和主席、副主席以及经费审查委员会的选举结果，报上一级工会批准。

第二十八条　基层工会委员会的基本任务是：

（一）执行会员大会或者会员代表大会的决议和上级工会的决定，主持基层工会的日常工作。

（二）代表和组织职工依照法律规定，通过职工代表大会、厂务公开和其他形式，参与本单位民主选举、民主协商、民主决策、民主管理和民主监督，保障职工知情权、参与权、表达权和监督权，在公司制企业落实职工董事、职工监事制度。企业、事业单位工会委员会是职工代表大会工作机构，负责职工代表大会的日常工作，检查、督促职工代表大会决议的执行。

（三）参与协调劳动关系和调解劳动争议，与企业、事业单位、社会组织行政方面建立协商制度，协商解决涉及职工切身利益问题。帮助和指导职工与企业、事业单位、社会组织行政方面签订和履行劳动合同，代表职工与企业、事业单位、社会组织行政方面签订集体合同或者其他专项协议，并监督执行。

（四）组织职工开展劳动和技能竞赛、合理化建议、技能培训、技术革新和技术协作等活动，培育工匠、高技能人才，总结推广先进经验。做好劳动模范和先进生产（工作）者的评选、表彰、培养和管理服务工作。

（五）加强对职工的政治引领和思想教育，开展法治宣传教育，重视人文关怀和心理疏导，鼓励支持职工学习文化科学技术和管理知识，开展健康的文化体育活动。推进企业文化职工文化建设，办好工会文化、教育、体育事业。

（六）监督有关法律、法规的贯彻执行。协助和督促行政方面做好工资、安全生产、职业病防治和社会保险等方面的工作，推动落实职工福利待遇。办好职工集体福利事业，改善职工生活，对困难职工开展帮扶。依法参与生产安全事故和职业病危害事故的调查处理。

（七）维护女职工的特殊权益，同歧视、虐待、摧残、迫害女职工的现象作斗争。

（八）搞好工会组织建设，健全民主制度和民主生活。建立和发展工会积极分子队伍。做好会员的发展、接收、教育和会籍管理工作。加强职工之家建设。

（九）收好、管好、用好工会经费，管理好工会资产和工会的企业、事业。

第二十九条 教育、科研、文化、卫生、体育等事业单位和机关工会，从脑力劳动者比较集中的特点出发开展工作，积极了解和关心职工的思想、工作和生活，推动党的知识分子政策的贯彻落实。组织职工搞好本单位的民主选举、民主协商、民主决策、民主管理和民主监督，为发挥职工的聪明才智创造良好的条件。

第三十条 基层工会委员会根据工作需要，可以在分厂、车间（科室）建立分厂、车间（科室）工会委员会。分厂、车间（科室）工会委员会由分厂、车间（科室）会员大会或者会员代表大会选举产生，任期和基层工会委员会相同。

基层工会委员会和分厂、车间（科室）工会委员会，可以根据需要设若干专门委员会或者专门小组。

按照生产（行政）班组建立工会小组，民主选举工会小组长，积极开展工会小组活动。

第六章　工 会 干 部

第三十一条　各级工会组织按照革命化、年轻化、知识化、专业化的要求，落实新时代好干部标准，努力建设一支坚持党的基本路线，熟悉本职业务，热爱工会工作，受到职工信赖的干部队伍。

第三十二条　工会干部要努力做到：

（一）认真学习马克思列宁主义、毛泽东思想、邓小平理论、“三个代表”重要思想、科学发展观、习近平新时代中国特色社会主义思想，学习党的基本知识和党的历史，学习政治、经济、历史、文化、法律、科技和工会业务等知识，提高政治能力、思维能力、实践能力，增强推动高质量发展本领、服务群众本领、防范化解风险本领。

（二）执行党的基本路线和各项方针政策，遵守国家法律、法规，在改革开放和社会主义现代化建设中勇于开拓创新。

（三）信念坚定，忠于职守，勤奋工作，敢于担当，廉洁奉公，顾全大局，维护团结。

（四）坚持实事求是，认真调查研究，如实反映职工的意见、愿望和要求。

（五）坚持原则，不谋私利，热心为职工说话办事，依法维护职工的合法权益。

（六）作风民主，联系群众，增强群众意识和群众感情，自觉接受职工群众的批评和监督。

第三十三条 各级工会组织根据有关规定管理工会干部，重视发现培养和选拔优秀年轻干部、女干部、少数民族干部，成为培养干部的重要基地。

基层工会主席、副主席任期未满不得随意调动其工作。因工作需要调动时，应事先征得本级工会委员会和上一级工会同意。

县和县以上工会可以为基层工会选派、聘用社会化工会工作者等工作人员。

第三十四条 各级工会组织建立与健全干部培训制度。办好工会干部院校和各种培训班。

第三十五条 各级工会组织关心工会干部的思想、学习和生活，督促落实相应的待遇，支持他们的工作，坚决同打击报复工会干部的行为作斗争。

县和县以上工会设立工会干部权益保障金，保障工会干部依法履行职责。

第七章 工会经费和资产

第三十六条 工会经费的来源：

（一）会员交纳的会费。

（二）企业、事业单位、机关、社会组织按全部职工工资总额的百分之二向工会拨缴的经费或者建会筹备金。

（三）工会所属的企业、事业单位上缴的收入。

（四）人民政府和企业、事业单位、机关、社会组织的补助。

（五）其他收入。

第三十七条　工会经费主要用于为职工服务和开展工会活动。各级工会组织应坚持正确使用方向，加强预算管理，优化支出结构，开展监督检查。

第三十八条　县和县以上各级工会应当与税务、财政等有关部门合作，依照规定做好工会经费收缴和应当由财政负担的工会经费拨缴工作。

未成立工会的企业、事业单位、机关、社会组织，按工资总额的百分之二向上级工会拨缴工会建会筹备金。

具备社会团体法人资格的工会应当依法设立独立经费账户。

第三十九条　工会资产是社会团体资产，中华全国总工会对各级工会的资产拥有终极所有权。各级工会依法依规加强对工会资产的监督、管理，保护工会资产不受损害，促进工会资产保值增值。根据经费独立原则，建立预算、决算、资产监管和经费审查监督制度。实行“统一领导、分级管理”的财务体制、“统一所有、分级监管、单位使用”的资产监管体制和“统一领导、分级管理、分级负责、下审一级”的经费审查监督体制。工会经费、资产的管理和使用办法以及工会经费审查监督制度，由中华全国总工会制定。

第四十条　各级工会委员会按照规定编制和审批预算、决算，定期向会员大会或者会员代表大会和上一级工会委员会报告经费收支和资产管理情况，接受上级和同级工会经费审查委员会审查监督。

第四十一条 工会经费、资产和国家及企业、事业单位等拨给工会的不动产和拨付资金形成的资产受法律保护，任何单位和个人不得侵占、挪用和任意调拨；不经批准，不得改变工会所属企业、事业单位的隶属关系和产权关系。

工会组织合并，其经费资产归合并后的工会所有；工会组织撤销或者解散，其经费资产由上级工会处置。

第八章 会 徽

第四十二条 中国工会会徽，选用汉字“中”、“工”两字，经艺术造型呈圆形重叠组成，并在两字外加一圆线，象征中国工会和中国工人阶级的团结统一。会徽的制作标准，由中华全国总工会规定。

第四十三条 中国工会会徽，可在工会办公地点、活动场所、会议会场悬挂，可作为纪念品、办公用品上的工会标志，也可以作为徽章佩戴。

第九章 附 则

第四十四条 本章程解释权属于中华全国总工会。

企业工会工作条例

（2006年12月11日中华全国总工会第十四届执行委员会第四次全体会议通过）

第一章 总 则

第一条 为加强和改进企业工会工作，发挥企业工会作用，根据《工会法》、《劳动法》和《中国工会章程》，制定本条例。

第二条 企业工会是中华全国总工会的基层组织，是工会的重要组织基础和工作基础，是企业工会会员和职工合法权益的代表者和维护者。

第三条 企业工会以邓小平理论和“三个代表”重要思想为指导，贯彻科学发展观，坚持全心全意依靠工人阶级根本指导方针，走中国特色社会主义工会发展道路，落实“组织起来、切实维权”的工作方针，团结和动员职工为实现全面建设小康社会宏伟目标作贡献。

第四条 企业工会贯彻促进企业发展、维护职工权益的工作原则，协调企业劳动关系，推动建设和谐企业。

第五条 企业工会在本企业党组织和上级工会的领导下，依照法律和工会章程独立自主地开展工作，密切联系职工群众，关心职工群众生产生活，热忱为职工群众服务，努力建设成为组织健全、维权到位、工作活跃、作用明显、职工信赖的职工之家。

第二章　企业工会组织

第六条　企业工会依法组织职工加入工会，维护职工参加工会的权利。

第七条　会员二十五人以上的企业建立工会委员会；不足二十五人的可以单独建立工会委员会，也可以由两个以上企业的会员按地域或行业联合建立基层工会委员会。同时按有关规定建立工会经费审查委员会、工会女职工委员会。

企业工会具备法人条件的，依法取得社会团体法人资格，工会主席是法定代表人。

企业工会受法律保护，任何组织和个人不得随意撤销或将工会工作机构合并、归属到其他部门。

企业改制须同时建立健全工会组织。

第八条　会员大会或会员代表大会是企业工会的权力机关，每年召开一至两次会议。经企业工会委员会或三分之一以上会员提议可临时召开会议。

会员代表大会的代表由会员民主选举产生，会员代表实行常任制，任期与企业本届工会委员会相同，可连选连任。

会员在一百人以下的企业工会应召开会员大会。

第九条　会员大会或会员代表大会的职权：

（一）审议和批准工会委员会的工作报告。

（二）审议和批准工会委员会的经费收支情况报告和经费审查委员会的工作报告。

（三）选举工会委员会和经费审查委员会。

（四）听取工会主席、副主席的述职报告，并进行民主评议。

（五）撤换或者罢免其所选举的代表或者工会委员会组成人员。

（六）讨论决定工会工作其他重大问题。

第十条 会员大会或会员代表大会与职工代表大会或职工大会须分别行使职权，不得相互替代。

第十一条 企业工会委员会由会员大会或会员代表大会差额选举产生，选举结果报上一级工会批准，每届任期三年或者五年。

大型企业工会经上级工会批准，可设立常务委员会，负责工会委员会的日常工作，其下属单位可建立工会委员会。

第十二条 企业工会委员会是会员大会或会员代表大会的常设机构，对会员大会或会员代表大会负责，接受会员监督。在会员大会或会员代表大会闭会期间，负责日常工作。

第十三条 企业工会委员会根据工作需要，设立相关工作机构或专门工作委员会、工作小组。

工会专职工作人员一般按不低于企业职工人数的千分之三配备，具体人数由上级工会、企业工会与企业行政协商确定。

根据工作需要和经费许可，工会可从社会聘用工会工作人员，建立专兼职相结合的干部队伍。

第十四条 企业工会委员会实行民主集中制，重要问题须经集体讨论作出决定。

第十五条 企业工会委员（常委）会一般每季度召开一次会议，讨论或决定以下问题：

（一）贯彻执行会员大会或会员代表大会决议和党组织、上级工会有关决定、工作部署的措施。

（二）提交会员大会或会员代表大会的工作报告和向党组织、上级工会的重要请示、报告。

（三）工会工作计划和总结。

（四）向企业提出涉及企业发展和职工权益重大问题的建议。

（五）工会经费预算执行情况及重大财务支出。

（六）由工会委员会讨论和决定的其他问题。

第十六条 企业生产车间、班组建立工会分会、工会小组，会员民主选举工会主席、工会小组长，组织开展工会活动。

第十七条 建立工会积极分子队伍，发挥工会积极分子作用。

第三章 基本任务和活动方式

第十八条 企业工会的基本任务：

（一）执行会员大会或会员代表大会的决议和上级工会的决定。

（二）组织职工依法通过职工代表大会或职工大会和其他形式，参加企业民主管理和民主监督，检查督促职工代表大会或职工大会决议的执行。

（三）帮助和指导职工与企业签订劳动合同。就劳动报酬、工作时间、劳动定额、休息休假、劳动安全卫生、保险福利等与企业平等协商、签订集体合同，并监督集体合同的履行。调解劳动争议。

（四）组织职工开展劳动竞赛、合理化建议、技术革新、技术攻关、技术协作、发明创造、岗位练兵、技术比赛等群众性经济技术创新活动。

（五）组织培养、评选、表彰劳动模范，负责做好劳动模范的日常管理工作。

（六）对职工进行思想政治教育，组织职工学习文化、科学和业务知识，提高职工素质。办好职工文化、教育、体育事业，开展健康的文化体育活动。

（七）协助和督促企业做好劳动报酬、劳动安全卫生和保险福利等方面的工作，监督有关法律法规的贯彻执行。参与劳动安全卫生事故的调查处理。协助企业办好职工集体福利事业，做好困难职工帮扶救助工作，为职工办实事、做好事、解难事。

（八）维护女职工的特殊利益。

（九）加强组织建设，健全民主生活，做好会员会籍管理工作。

（十）收好、管好、用好工会经费，管理好工会资产和工会企（事）业。

第十九条 坚持群众化、民主化，实行会务公开。凡涉及会员群众利益的重要事项，须经会员大会或会员代表大会讨论决定；工作计划、重大活动、经费收支等情况接受会员监督。

第二十条 按照会员和职工群众的意愿，依靠会员和职工群众，开展形式多样的工会活动。

第二十一条 工会召开会议或者组织职工活动，需要占用生产时间的，应当事先征得企业的同意。企业行政应积极支持工会开展活动。

工会非专职委员占用生产或工作时间参加会议或者从事工会工作，在法律规定的时间内工资照发，其他待遇不受影响。

第二十二条 开展建设职工之家活动，建立会员评议建家工作制度，增强工会凝聚力，提高工会工作水平。

推动企业关爱职工，引导职工热爱企业，创建劳动关系和谐企业。

第四章 工会主席

第二十三条 职工二百人以上的企业工会依法配备专职工会主席。由同级党组织负责人担任工会主席的，应配备专职工会副主席。

第二十四条 国有、集体及其控股企业工会主席候选人，应由同级党组织和上级工会在充分听取会员意见的基础上协商提名。工会主席按企业党政同级副职级条件配备，是共产党员的应进入同级党组织领导班子。专职工会副主席按不低于企业中层正职配备。

私营企业、外商投资企业、港澳台商投资企业工会主席候选人，由会员民主推荐，报上一级工会同意提名；也可以由上级工会推荐产生。已建党组织的企业工会候选人须经党组织审核。工会主席享受企业行政副职待遇。

企业行政负责人、合伙人及其近亲属不得作为本企业工会委员会成员的人选。

第二十五条 工会主席、副主席可以由会员大会或会员代表大会直接选举产生，也可以由企业工会委员会选举产生。工会主席出现空缺，须按民主程序及时进行补选。

第二十六条 工会主席应当具备下列条件：

（一）政治立场坚定，热爱工会工作。

（二）具有与履行职责相应的文化程度、法律法规和生产经营管理知识。

（三）作风民主，密切联系群众，热心为会员和职工服务。

（四）有较强的协调劳动关系和组织活动能力。

第二十七条 企业工会主席的职权：

（一）负责召集工会委员会会议，主持工会日常工作。

（二）参加企业涉及职工切身利益和有关生产经营重大问题的会议，反映职工的意愿和要求，提出工会的意见。

（三）以职工方首席代表的身份，代表和组织职工与企业进行平等协商、签订集体合同。

（四）代表和组织职工参与企业民主管理。

（五）代表和组织职工依法监督企业执行劳动安全卫生等法律法规，要求纠正侵犯职工和工会合法权益的行为。

（六）担任劳动争议调解委员会主任，主持企业劳动争议调解委员会的工作。

（七）向上级工会报告重要信息。

（八）负责管理工会资产和经费。

第二十八条 按照法律规定，企业工会主席、副主席任期未满时，不得随意调动其工作。因工作需要调动时，应征得本级工会委员会和上一级工会的同意。

罢免工会主席、副主席必须召开会员大会或会员代表大会讨论，非经会员大会全体会员或者会员代表大会全体代表无记名投票过半数通过，不得罢免。

工会专职主席、副主席或者委员自任职之日起，其劳动合同期限自动延长，延长期限相当于其任职期间；非专职主席、副主席或者委员自任职之日起，其尚未履行的劳动合同期限短于任期的，劳动合同期限自动延长至任期期满。任职期间个人严重过失或者达到法定退休年龄的除外。

第二十九条 新任企业工会主席、副主席，应在一年内参加上级工会举办的上岗资格或业务培训。

第五章 工作机制和制度

第三十条 帮助和指导职工签订劳动合同。代表职工与企业协商确定劳动合同文本的主要内容和条件，为职工签订劳动合同提供法律、技术等方面的咨询和服务。监督企业与所有职工签订劳动合同。

工会对企业违反法律法规和有关合同规定解除职工劳动合同的，应提出意见并要求企业将处理结果书面通知工会。工会应对企业经济性裁员事先提出同意或否决的意见。

监督企业和引导职工严格履行劳动合同，依法督促企业纠正违反劳动合同的行为。

第三十一条 依法与企业进行平等协商，签订集体合同，并可就劳动报酬、劳动安全卫生、女职工特殊权益保护等签订专项集体合同。

工会应将劳动报酬、工作时间、劳动定额、保险福利、劳动安全卫生等问题作为协商重点内容。

工会依照民主程序选派职工协商代表，可依法委托本企业以外的专业人士作为职工协商代表，但不得超过本方协商代表总数的三分之一。

小型企业集中的地方，可由上一级工会直接代表职工与相应的企业组织或企业进行平等协商，签订县以下区域性、行业性集体合同或专项集体合同。

劳务派遣工集中的企业，工会可与企业、劳务公司共同协商签订集体合同。

第三十二条 工会发出集体协商书面要约二十日内，企业不予回应的，工会可要求上级工会协调；企业无正当理由拒绝集体协商的，工会可提请县级以上人民政府责令改正，依法处理；企业违反集体合同规定的，工会可依法要求企业承担责任。

第三十三条 企业工会是职工代表大会或职工大会的工作机构，负责职工代表大会或职工大会的日常工作。

职工代表大会的代表经职工民主选举产生。职工代表大会中的一线职工代表一般不少于职工代表总数的百分之五十。女职工、少数民族职工代表应占相应比例。

第三十四条 国有企业、国有控股企业职工代表大会或职工大会的职权：

（一）听取审议企业生产经营、安全生产、重组改制等重大决策以及实行厂务公开、履行集体合同情况报告，提出意见和建议。

（二）审议通过集体合同草案、企业改制职工安置方案。审查同意或否决涉及职工切身利益的重要事项和企业规章制度。

（三）审议决定职工生活福利方面的重大事项。

（四）民主评议监督企业中层以上管理人员，提出奖惩任免建议。

（五）依法行使选举权。

（六）法律法规规定的其他权利。

集体（股份合作制）企业职工代表大会或职工大会的职权：

（一）制定、修改企业章程。

（二）选举、罢免企业经营管理人员。

（三）审议决定经营管理以及企业合并、分立、变更、破产等重大事项。

（四）监督企业贯彻执行国家有关劳动安全卫生等法律法规、实行厂务公开、执行职代会决议等情况。

（五）审议决定有关职工福利的重大事项。

私营企业、外商投资企业和港澳台商投资企业职工代表大会或职工大会的职权：

（一）听取企业发展规划和年度计划、生产经营等方面的报告，提出意见和建议。

（二）审议通过涉及职工切身利益重大问题的方案和企业重

要规章制度、集体合同草案等。

（三）监督企业贯彻执行国家有关劳动安全卫生等法律法规、实行厂务公开、履行集体合同和执行职代会决议、缴纳职工社会保险、处分和辞退职工的情况。

（四）法律法规、政策和企业规章制度规定及企业授权和集体协商议定的其他权利。

第三十五条 职工代表大会或职工大会应有全体职工代表或全体职工三分之二以上参加方可召开。职工代表大会或职工大会进行选举和作出重要决议、决定，须采用无记名投票方式进行表决，经全体职工代表或全体职工过半数通过。

小型企业工会可联合建立区域或行业职工代表大会，解决本区域或行业涉及职工利益的共性问题。

公司制企业不得以股东会取代职工代表大会或职工大会。

第三十六条 督促企业建立和规范厂务公开制度。

第三十七条 凡设立董事会、监事会的公司制企业，工会应依法督促企业建立职工董事、职工监事制度。

职工董事、职工监事人选由企业工会提名，通过职工代表大会或职工大会民主选举产生，表达职工意愿和诉求，接受职工监督。企业工会主席、副主席一般应分别作为职工董事、职工监事的候选人。

第三十八条 建立劳动法律监督委员会，职工人数较少的企业应设立工会劳动法律监督员，对企业执行有关劳动报酬、劳动安全卫生、工作时间、休息休假、女职工和未成年工保护、保险福利等劳动法律法规情况进行群众监督。

第三十九条　建立劳动保护监督检查委员会，生产班组中设立工会小组劳动保护检查员。建立完善工会监督检查、重大事故隐患和职业危害建档跟踪、群众举报等制度，建立工会劳动保护工作责任制。依法参加职工因工伤亡事故和其他严重危害职工健康问题的调查处理。协助与督促企业落实法律赋予工会与职工安全生产方面的知情权、参与权、监督权和紧急避险权。开展群众性安全生产活动。

依照国家法律法规对企业新建、扩建和技术改造工程中的劳动条件和安全卫生设施与主体工程同时设计、同时施工、同时使用进行监督。

发现企业违章指挥、强令工人冒险作业，或者生产过程中发现明显重大事故隐患和职业危害，工会应提出解决的建议；发现危及职工生命安全的情况，工会有权组织职工撤离危险现场。

第四十条　依法建立企业劳动争议调解委员会，劳动争议调解委员会由职工代表、企业代表和工会代表组成，办事机构设在企业工会。职工代表和工会代表的人数不得少于调解委员会成员总数的三分之二。

建立劳动争议预警机制，发挥劳动争议调解组织的预防功能，建立企业劳动争议信息员制度，做好劳动争议预测、预报、预防工作。

企业发生停工、怠工事件，工会应当积极同企业或者有关方面协商，反映职工的意见和要求并提出解决意见，协助企业做好工作，尽快恢复生产、工作秩序。

第四十一条　开展困难职工生活扶助、医疗救助、子女就学和职工互助互济等工作。有条件的企业工会建立困难职工帮扶资金。

第六章 女职工工作

第四十二条 企业工会有女会员十名以上的，应建立工会女职工委员会，不足十名的应设女职工委员。

女职工委员会在企业工会委员会领导和上一级工会女职工委员会指导下开展工作。

女职工委员会主任由企业工会女主席或副主席担任。企业工会没有女主席或副主席的，由符合相应条件的工会女职工委员担任，享受同级工会副主席待遇。

女职工委员会委员任期与同级工会委员会委员相同。

第四十三条 女职工委员会依法维护女职工的合法权益，重点是女职工经期、孕期、产期、哺乳期保护，禁忌劳动、卫生保健、生育保险等特殊利益。

第四十四条 女职工委员会定期研究涉及女职工特殊权益问题，向企业工会委员会和上级女职工委员会报告工作，重要问题应提交企业职工代表大会或职工大会审议。

第四十五条 企业工会应为女职工委员会开展工作与活动提供必要的经费。

第七章 工会经费和资产

第四十六条 督促企业依法按每月全部职工工资总额的百分之二向工会拨缴经费、提供工会办公和开展活动的必要设施和场所等物质条件。

第四十七条 工会依法设立独立银行账户，自主管理和使用工会经费、会费。工会经费、会费主要用于为职工服务和工会活动。

第四十八条 督促企业按国家有关规定支付工会会同企业开展的职工教育培训、劳动保护、劳动竞赛、技术创新、职工疗休养、困难职工补助、企业文化建设等工作所需费用。

第四十九条 工会经费审查委员会代表会员群众对工会经费收支和财产管理进行审查监督。

建立经费预算、决算和经费审查监督制度，经费收支情况接受同级工会经费审查委员会审查，接受上级工会审计，并定期向会员大会或会员代表大会报告。

第五十条 企业工会经费、财产和企业拨给工会使用的不动产受法律保护，任何单位和个人不得侵占、挪用和任意调拨。

企业工会组织合并，其经费财产归合并后的工会所有；工会组织撤销或解散，其经费财产由上级工会处置。

第八章 工会与企业党组织、行政和上级工会

第五十一条 企业工会接受同级党组织和上级工会双重领导，以同级党组织领导为主。未建立党组织的企业，其工会由上一级工会领导。

第五十二条 企业工会与企业行政具有平等的法律地位，相互尊重、相互支持、平等合作，共谋企业发展。

企业工会与企业可以通过联席会、民主议事会、民主协商

会、劳资恳谈会等形式，建立协商沟通制度。

第五十三条 企业工会支持企业依法行使经营管理权，动员和组织职工完成生产经营任务。

督促企业按照有关规定，按职工工资总额的百分之一点五至百分之二点五、百分之一分别提取职工教育培训费用和劳动竞赛奖励经费，并严格管理和使用。

第五十四条 企业行政应依法支持工会履行职责，为工会开展工作创造必要条件。

第五十五条 上级工会负有对企业工会指导和服务的职责，为企业工会开展工作提供法律、政策、信息、培训和会员优惠等方面的服务，帮助企业工会协调解决工作中的困难和问题。

企业工会在履行职责遇到困难时，可请上级工会代行企业工会维权职责。

第五十六条 县以上地方工会设立保护工会干部专项经费，为维护企业工会干部合法权益提供保障。经费来源从本级工会经费中列支，也可以通过其他渠道多方筹集。

建立上级工会保护企业工会干部责任制。对因履行职责受到打击报复或不公正待遇以及有特殊困难的企业工会干部，上级工会应提供保护和帮助。

上级工会与企业工会、企业行政协商，可对企业工会兼职干部给予适当补贴。

第五十七条 上级工会应建立对企业工会干部的考核、激励机制，对依法履行职责作出突出贡献的工会干部给予表彰奖励。

工会主席、副主席不履行职责，上级工会应责令其改正；

情节严重的可以提出罢免的建议，按照有关规定予以罢免。

第九章　附　　则

第五十八条　本条例适用于中华人民共和国境内所有企业和实行企业化管理的事业单位工会。

第五十九条　本条例由中华全国总工会解释。

第六十条　本条例自公布之日起施行。

工会女职工委员会工作条例

（2024 年 4 月 26 日中华全国总工会第八届女职工委员会第一次会议审议通过）

第一章　总　　则

第一条　为加强工会女职工委员会组织建设和工会女职工工作，根据《中华人民共和国工会法》和《中国工会章程》的有关规定，制定本条例。

第二条　工会女职工委员会是在同级工会委员会领导下和上一级工会女职工委员会指导下的女职工组织，根据女职工的特点和意愿开展工作。

第三条　工会女职工委员会以马克思列宁主义、毛泽东思想、邓小平理论、“三个代表”重要思想、科学发展观、习近平新时代中国特色社会主义思想为指导，坚持自觉接受党的领导，深刻领悟“两个确立”的决定性意义，增强“四个意识”、坚定“四个自信”、做到“两个维护”，保持和增强政治性、先进性、群众性，坚定不移走中国特色社会主义工会发展道路。推动男女平等基本国策的贯彻落实，履行维权服务基本职责，大力推进服务化、体系化、品牌化、创新化、数智化建设，不断提高工会女职工组织引领力、组织力、服务力，团结动员广大女职工为以中国式现代化全面推进强国建设、民族复兴伟业而奋斗。

第二章　基本任务

第四条　加强思想政治引领。坚持不懈用习近平新时代中国特色社会主义思想凝心铸魂，开展理想信念教育，团结引导广大女职工听党话、跟党走。教育女职工践行社会主义核心价值观，树立自尊、自信、自立、自强精神，不断提高思想道德素质、科学文化素质和技术技能素质，做伟大事业的建设者、文明风尚的倡导者、敢于追梦的奋斗者。

第五条　推动女职工提升素质建功立业。按照“五位一体”总体布局和“四个全面”战略布局要求，贯彻新发展理念，把握中国工人运动和工会工作的主题和方向，弘扬劳模精神、劳动精神、工匠精神，积极参与产业工人队伍建设改革，动员和组织广大女职工在推动实现经济社会高质量发展中建功立业。

第六条　维护女职工合法权益，保障女职工特殊权益。依法维护女职工在政治、经济、文化、社会和家庭等方面的合法权益和特殊权益，同一切歧视、虐待、摧残、迫害女职工的行为作斗争。参与有关保护女职工权益的法律、法规、规章、政策的制定和完善，监督、协助有关部门贯彻实施。代表和组织女职工依法依规参加本单位的民主选举、民主协商、民主决策、民主管理和民主监督。指导和帮助女职工与用人单位签订并履行劳动合同。参与平等协商、签订集体合同和女职工权益保护等专项集体合同工作，并参与监督执行。参与涉及女职工特殊权益的劳动关系协调和劳动争议调解，及时反映侵害女职工权益问题，督促和参与侵权案件的调查处理。

第七条 做好女职工关爱服务。开展困难女职工帮扶救助、职工婚恋服务和职工子女关爱等工作。落实国家生育政策，协同做好职工子女托育托管服务。加强女职工心理关怀。

第八条 开展家庭家教家风建设。充分发挥女职工在家庭生活中的独特作用，倡导和支持男女共同履行家庭责任，弘扬社会主义家庭文明新风尚。

第九条 推动营造有利于女职工全面发展的社会环境。积极争取党政支持，会同社会有关方面共同做好女职工工作。在研究决定涉及女职工权益问题时，积极提出意见建议。发现、培养、宣传和推荐先进女职工集体和个人。

第十条 与国际组织开展交流活动。讲好中国工会故事、中国女职工故事和中国巾帼劳模工匠故事，为促进妇女事业发展作出贡献。

第三章 组织制度

第十一条 各级工会建立女职工委员会。女职工委员会与工会委员会同时建立。企业、事业单位、机关、社会组织等基层工会委员会有女会员十人以上的建立女职工委员会，不足十人的设女职工委员。

第十二条 省、自治区、直辖市，设区的市和自治州，县（旗）、自治县、不设区的市总工会女职工委员会，实行垂直领导的产业工会女职工委员会，按照机构编制管理权限，经机构编制部门同意，设立办公室（女职工部）或明确女职工工作责任部门，负责女职工委员会的日常工作。乡镇（街道），村（社区），企业、事业单位、机关、社会组织，以及区域性、行业性工会联合会，开发区、工业园区工会等，应当建立女职工委员会，根据工作需要设立办公室或明确专兼职工作人员。

第十三条 女职工委员会委员由同级工会委员会提名，在充分协商的基础上产生，也可召开女职工大会或女职工代表大会选举产生。县和县以上工会女职工委员会根据工作需要可聘请顾问若干人。注重提高女劳动模范、一线女职工和基层工会女职工工作者在工会女职工委员会委员中的比例，委员中应有新就业形态女性劳动者代表。

第十四条 女职工委员会委员任期与同级工会委员会委员任期相同。在任期内，由于委员的工作变动等原因需要调整时，由工会女职工委员会提出相应的替补、增补人选，经同级工会委员会审议通过予以替补、增补，并报上级工会女职工委员会。

第十五条 县和县以上工会女职工委员会常务委员会由主任一人、副主任若干人、常务委员若干人组成。

第十六条 在工会代表大会、职工代表大会中，女职工代表的比例应与女职工占职工总数的比例相适应。

第十七条 工会女职工委员会是县和县以上妇联的团体会员，通过县和县以上地方工会接受妇联的业务指导。

第四章 干 部

第十八条 女职工委员会主任由同级工会女主席或女副主席担任，也可经民主协商，按照相应条件配备，享受同级工会副主席待遇。女职工委员会主任应提名为同级工会委员会或常务委员会委员候选人。

第十九条 女职工 200 人以上的企业、事业单位工会女职工委员会，应配备专职女职工工作干部。

第二十条 各级工会组织要按照革命化、年轻化、知识化、专业化的要求，落实新时代好干部标准，加强工会女职工工作干部队伍建设。

第二十一条 各级工会女职工委员会要加强对女职工工作干部的教育培养和关心关爱，提高女职工工作干部队伍的整体素质。工会女职工工作干部要坚持党的基本路线，熟悉工会业务，热爱女职工工作。

第五章 工作制度

第二十二条 女职工委员会实行民主集中制。凡属重大问题，要广泛听取女职工意见，由委员会或常务委员会进行充分的民主讨论后作出决定。

第二十三条 女职工委员会根据工作需要制定有关制度。每年召开一至二次常务委员会和委员会会议，也可临时召开会议。

第二十四条 工会女职工委员会要定期向同级工会委员会和上级工会女职工委员会报告工作。

第二十五条 工会女职工委员会要建立完善委员工作机制，发挥委员在建言献策、专题调研、参加活动、联系基层等方面的作用。

第二十六条 县和县以上各级工会女职工委员会要加强对基层的联系、指导和服务，把工作重心放在基层，注重向基层倾斜力量和资源，增强基层女职工组织的活力，为广大女职工服务。

第六章 经 费

第二十七条 各级工会组织要为工会女职工委员会开展工作与活动提供必要的经费，所需经费应列入同级工会组织的经费预算。

第七章 附 则

第二十八条 本条例由中华全国总工会女职工委员会负责解释。

第二十九条 本条例自印发之日起施行。

国务院办公厅关于全面推进生育保险和职工基本医疗保险合并实施的意见

（国办发〔2019〕10号　2019年3月25日）

各省、自治区、直辖市人民政府，国务院各部委、各直属机构：

全面推进生育保险和职工基本医疗保险（以下统称两项保险）合并实施，是保障职工社会保险待遇、增强基金共济能力、提升经办服务水平的重要举措。根据《中华人民共和国社会保险法》有关规定，经国务院同意，现就两项保险合并实施提出以下意见。

一、指导思想

以习近平新时代中国特色社会主义思想为指导，全面贯彻党的十九大和十九届二中、三中全会精神，认真落实党中央、国务院决策部署，统筹推进“五位一体”总体布局和协调推进“四个全面”战略布局，坚持以人民为中心，牢固树立新发展理念，遵循保留险种、保障待遇、统一管理、降低成本的总体思路，推进两项保险合并实施，实现参保同步登记、基金合并运行、征缴管理一致、监督管理统一、经办服务一体化。通过整合两项保险基金及管理资源，强化基金共济能力，提升管理综合效能，降低管理运行成本，建立适应我国经济发展水平、优化保险管理资源、实现两项保险长期稳定可持续发展的制度体系和运行机制。

二、主要政策

（一）统一参保登记。参加职工基本医疗保险的在职职工同步参加生育保险。实施过程中要完善参保范围，结合全民参保登记计划摸清底数，促进实现应保尽保。

（二）统一基金征缴和管理。生育保险基金并入职工基本医疗保险基金，统一征缴，统筹层次一致。按照用人单位参加生育保险和职工基本医疗保险的缴费比例之和确定新的用人单位职工基本医疗保险费率，个人不缴纳生育保险费。同时，根据职工基本医疗保险基金支出情况和生育待遇的需求，按照收支平衡的原则，建立费率确定和调整机制。

职工基本医疗保险基金严格执行社会保险基金财务制度，不再单列生育保险基金收入，在职工基本医疗保险统筹基金待遇支出中设置生育待遇支出项目。探索建立健全基金风险预警机制，坚持基金运行情况公开，加强内部控制，强化基金行政监督和社会监督，确保基金安全运行。

（三）统一医疗服务管理。两项保险合并实施后实行统一定点医疗服务管理。医疗保险经办机构与定点医疗机构签订相关医疗服务协议时，要将生育医疗服务有关要求和指标增加到协议内容中，并充分利用协议管理，强化对生育医疗服务的监控。执行基本医疗保险、工伤保险、生育保险药品目录以及基本医疗保险诊疗项目和医疗服务设施范围。

促进生育医疗服务行为规范。将生育医疗费用纳入医保支付方式改革范围，推动住院分娩等医疗费用按病种、产前检查按人头等方式付费。生育医疗费用原则上实行医疗保险经办机构与定点医疗机构直接结算。充分利用医保智能监控系统，强化监控和审核，控制生育医疗费用不合理增长。

（四）统一经办和信息服务。两项保险合并实施后，要统一经办管理，规范经办流程。经办管理统一由基本医疗保险经办机构负责，经费列入同级财政预算。充分利用医疗保险信息系统平台，实行信息系统一体化运行。原有生育保险医疗费用结算平台可暂时保留，待条件成熟后并入医疗保险结算平台。完善统计信息系统，确保及时全面准确反映生育保险基金运行、待遇享受人员、待遇支付等方面情况。

（五）确保职工生育期间的生育保险待遇不变。生育保险待遇包括《中华人民共和国社会保险法》规定的生育医疗费用和生育津贴，所需资金从职工基本医疗保险基金中支付。生育津贴支付期限按照《女职工劳动保护特别规定》等法律法规规定的产假期限执行。

（六）确保制度可持续。各地要通过整合两项保险基金增强基金统筹共济能力；研判当前和今后人口形势对生育保险支出的影响，增强风险防范意识和制度保障能力；按照“尽力而为、量力而行”的原则，坚持从实际出发，从保障基本权益做起，合理引导预期；跟踪分析合并实施后基金运行情况和支出结构，完善生育保险监测指标；根据生育保险支出需求，建立费率动态调整机制，防范风险转嫁，实现制度可持续发展。

三、保障措施

（一）加强组织领导。两项保险合并实施是党中央、国务院作出的一项重要部署，也是推动建立更加公平更可持续社会保障制度的重要内容。各省（自治区、直辖市）要高度重视，加强领导，有序推进相关工作。国家医保局、财政部、国家卫生健康委要会同有关方面加强工作指导，及时研究解决工作中遇到的困难和问题，重要情况及时报告国务院。

（二）精心组织实施。各地要高度重视两项保险合并实施工作，按照本意见要求，根据当地生育保险和职工基本医疗保险参保人群差异、基金支付能力、待遇保障水平等因素进行综合分析和研究，周密组织实施，确保参保人员相关待遇不降低、基金收支平衡，保证平稳过渡。各省（自治区、直辖市）要加强工作部署，督促指导各统筹地区加快落实，2019 年底前实现两项保险合并实施。

（三）加强政策宣传。各统筹地区要坚持正确的舆论导向，准确解读相关政策，大力宣传两项保险合并实施的重要意义，让社会公众充分了解合并实施不会影响参保人员享受相关待遇，且有利于提高基金共济能力、减轻用人单位事务性负担、提高管理效率，为推动两项保险合并实施创造良好的社会氛围。

中华全国总工会办公厅关于加强工会女职工组织规范化建设的意见

（总工办发〔2011〕13号　2011年3月29日）

为进一步加强工会女职工组织规范化建设，充分发挥工会女职工组织作用，依据《工会法》《中国工会章程》《企业工会工作条例》《工会女职工委员会工作条例》的规定，提出以下意见。

一、重要意义

加强工会女职工组织规范化建设，是贯彻“组织起来、切实维权”工会工作方针，扩大女职工组织覆盖面、增强女职工组织凝聚力的必然要求，是强化组织基础和工作基础、切实发挥女职工组织作用的重要举措，有利于改变基层组织建设相对薄弱的现状，对于进一步加强工会女职工工作，增强女职工组织活力，充分发挥女职工组织优势和作用，提高工会女职工工作整体水平具有重要意义。各级工会要从全局和战略的高度，统一思想，提高认识，把加强女职工组织规范化建设作为当前的一项重要任务，积极采取措施，切实抓好落实，不断提高规范化建设水平，推动工会女职工工作的创新发展。

二、基本原则

坚持哪里建工会、哪里有女职工，哪里就要建立工会女职工组织；坚持以工建带动女职工组织建设，女职工组织与工会组织同时筹备、同时产生（或换届）、同时报批；坚持突出重点、突破难点，着力推进非公企业特别是中小企业和新建企业女职工组织建设；坚持“边组建、边规范、边发挥作用”，以抓基层、打基础、强机制、增活力为着力点，注重实效、扎实推进，努力建设组织健全、机制完善、维权到位、作用明显的工会女职工组织。

三、主要内容

（一）规范建立组织。

1. 组织机构。

各级工会建立女职工委员会。企业、事业单位、机关和其他社会组织等工会中有女会员 10 人以上的建立女职工委员会，不足 10 人的设女职工委员。省、自治区、直辖市、地级市总工会女职工委员会，实行垂直领导的产业工会女职工委员会，大型企业、事业单位、机关和其他社会组织等工会女职工委员会应设立办公室（女职工部）。县级工会和中、小企事业单位、机关等工会女职工委员会根据工作需要可以设立办公室（女职工部）。

企业不建妇联组织，工会女职工委员会是县和县以上妇联的团体会员，通过县以上地方工会接受妇联的业务指导。

2. 干部配备。

地级市以上工会女职工委员会配备专职工作人员，县和县以下配备专职或兼职工作人员。

女职工 200 人以上的企业、事业单位的工会女职工委员会，应配备专职或兼职女职工工作人员。

女职工委员会主任由同级工会女主席或女副主席担任，也可按照相应条件配备专职女职工委员会主任，享受同级工会副主席待遇。女职工委员会主任应提名为同级工会委员会或常务委员会委员候选人。

女职工委员会委员与同级工会委员会委员任期相同。在任期内，由于委员工作变动等因素需要调整时，应按程序及时予以替补、增补。

3. 产生程序。

工会女职工委员会委员在充分协商的基础上产生或召开女职工大会（女职工代表大会）选举产生。

基层工会女职工委员会主任、副主任与工会委员会同时报上级工会审批。

（二）规范建设标准。

1. 领导重视，全会支持。同级工会重视支持女职工工作，将女职工工作纳入工会整体工作同部署、同检查、同考核；定期听取女职工工作汇报，协调解决女职工工作中遇到的困难和问题，对开展工作和活动的经费予以保障；工会相关部门支持配合女职工工作，研究制定涉及女职工工作相关文件、政策、规定时听取女职工组织的意见。

2. 组织健全，制度规范。工会女职工组织机构健全，按要求配齐配强专兼职工作人员，女职工委员会工作制度规范。建立向同级工会委员会和上级工会女职工委员会报告工作制度；建立本级工会女职工委员会、常务委员会例会制度；建立工作目标管理制度，工作有计划、有总结、有考核；建立工作档案动态管理制度，及时了解、掌握女职工工作相关情况；建立教育培训制度，对女职工工作干部定期开展培训。

3. 履行职责，发挥作用。切实履行组织、引导、维护、服务女职工的基本职责。组织实施女职工提升素质建功立业工程措施有力，基层单位和女职工参与程度高、覆盖面广；源头参与有力，推动相关法律法规政策落实成效显著，女职工权益保护专项集体合同覆盖率、履约率高；有效实施女职工“关爱行动”，推进困难女职工帮扶工作制度化、项目化和实事化，女职工对工会女职工组织满意度高。

4. 服务基层，指导有力。上级工会女职工组织对下级工作指导有力，积极协调、帮助解决基层和女职工工作干部的困难和问题，积极代行基层工会女职工组织难以承担的维权职能，为女职工工作干部开展工作积极创造条件，提供支持。

四、工作要求

（一）加强组织领导。要重视和加强对工会女职工组织规范化建设工作的组织领导，将工会女职工组织规范化建设作为工会组织规范化建设的重要内容，努力构建“领导重视、全会支持、上下联动、整体推进”的女职工工作格局。

（二）明确目标任务。要结合本地区、本单位女职工组织建设实际，确定工作目标，制定实施方案，落实工作职责，建立健全女职工工作目标管理体系。

（三）扎实有效推进。要以非公企业特别是中小企业和新建企业为重点，针对不同层面、不同类型企业女职工组织实际，加强分类指导，突破重点难点，注重工作实效，加强督导检查和考核。

（四）总结推广经验。开展工会女职工组织规范化建设示范单位创建活动，注重总结经验，培育典型，发挥典型引领示范作用，推动女职工组织规范化建设深入开展。

中华全国总工会女职工委员会办公室关于深入实施“女职工关爱行动”的通知

（工女委办发〔2015〕5号　2015年7月1日）

各省、自治区、直辖市总工会女职工委员会：

为贯彻落实全总十六届三次执委会议的工作部署，按照全总女职工委员会六届二次会议的工作安排，深入实施“女职工关爱行动”，现就有关事项通知如下：

一、进一步明确“女职工关爱行动”的主要内容和任务

立足于工会女职工组织的职能，坚持以女职工需求为导向，依托各级职工服务（帮扶）中心，不断创新服务方式、拓宽服务领域，围绕困难帮扶、职业健康、就业服务、子女助学、心理关怀、婚恋服务等六个方面，有针对性地开展帮扶服务，扎扎实实地为女职工办实事、做好事、解难事，让广大女职工更多地感受到党的关怀和工会组织的温暖。

（一）困难帮扶。以单亲困难女职工、女农民工、重病重灾女职工、失独女职工为重点，通过姐妹献爱心、“三八”助单亲、帮失独、结对帮扶等有针对性的帮扶活动，对因灾因病或其他特殊原因致困女职工开展生活、医疗等救助，力争实现对在档困难女职工帮扶的全覆盖、无遗漏。

（二）职业健康。针对职业危害导致的妇科疾病，推动在女职工人数较多、职业病危害严重的特定行业和企业开展女职工职业病检查，在困难企业女职工中开展“两癌”等妇科疾病检查。开展女职工劳动卫生、职业安全、健康保健知识教育培训，提高女职工的健康意识和自我保护能力。

（三）就业服务。依托工会系统开展的就业援助月、民营企业招聘周、阳光就业、技能培训促就业等活动以及各级职工服务（帮扶）中心和工会女职工培训示范学校，加强对女职工的就业援助、职业技能培训、就业信息服务和用工推介，促进女职工稳定就业和高质量再就业。

（四）子女助学。积极主动地将困难女职工子女助学纳入工会“金秋助学”活动，依托工会整体推进。以九年制义务教育阶段的单亲困难女职工子女、女农民工子女为重点，开展多种形式的助学和慰问活动，着力推动解决困难女职工子女就学难问题。

（五）心理关怀。通过流动课堂、心理咨询、心理辅导、心理健康服务热线、发放知识手册、培养工会女职工心理援助志愿者队伍等形式，深入开展“心理援助进企业”活动，对女职工开展心理抚慰和心理疏导等服务，不断提升女职工的心理健康水平。

（六）婚恋服务。针对单身女职工婚恋难问题和婚恋观多元化特点，加强对女职工的婚恋服务，引导女职工树立正确的人生观、择偶观。通过举办鹊桥会、搭建交友平台、开展联谊活动等形式，为单身女职工解决婚恋问题提供多样化服务，帮助单身女职工解决后顾之忧。

二、切实增强“女职工关爱行动”的针对性和实效性

（一）进一步加大女职工帮扶力度，主动加强与工会保障部门和职工服务（帮扶）中心的协调配合，不断完善困难女职工帮扶档案，掌握女职工实际需求，切实帮助女职工解决最困难最忧虑最急迫的实际问题。

（二）围绕“女职工关爱行动”六项工作内容和任务，从本地区实际出发，认真分析不同群体女职工的需求，确定本地区工作重点，增强“女职工关爱行动”的针对性和实效性。

（三）充分运用新闻媒体和工会的宣传阵地，及时总结、宣传实施“女职工关爱行动”的典型经验和工作成效，不断扩大“女职工关爱行动”的社会影响力，全力打造工作品牌。

三、认真做好2015年“女职工关爱行动”专项帮扶资金使用的相关工作

（一）按照《中华全国总工会关于下拨2015年度中央财政专项帮扶资金的通知》（总工发〔2015〕23号），2015年“女职工关爱行动”专项帮扶资金已由全总统一下拨。请各省（区、市）总工会女职工部主动加强与同级工会保障部和职工服务（帮扶）中心联系，认真做好资金使用安排。

（二）资金使用要严格按照《中央财政专项帮扶资金使用管理办法》（总工发〔2015〕20号），坚持“依档帮扶”和“实名制”的原则，坚持专款专用，不得改变资金用途，所拨资金当年用完结清，不得挪到下年使用。

（三）2015 年资金使用要从实际出发，在生活救助、医疗救助、子女助学、法律援助等帮扶项目的基础上，以单亲困难女职工和女农民工为重点，充分考虑受经济下行压力影响较大或女农民工集中的行业、企业以及遭受重大疾病、重大灾害造成生活困难的女职工。

（四）资金使用情况等相关材料请按规定及时报同级工会保障部或职工服务（帮扶）中心备案。

请于 2015 年 11 月底前将本年度开展“女职工关爱行动”情况总结及《2015 年“女职工关爱行动”数据汇总表》（见附件）报送全总女职工委员会办公室。

附件：2015 年“女职工关爱行动”数据汇总表（略）

中华全国总工会女职工委员会关于新形势下深入实施女职工提升素质建功立业工程的意见

（工女委发〔2015〕3 号　2015 年 10 月 9 日）

为贯彻实施《全国职工素质建设工程五年规划（2015—2019 年）》，进一步提升女职工队伍整体素质，引导女职工为实现“两个一百年”奋斗目标、实现中华民族伟大复兴的中国梦建功立业，现就新形势下深入实施女职工提升素质建功立业工程提出如下意见。

一、指导思想

深入学习贯彻党的十八大，十八届三中、四中全会精神和中央党的群团工作会议精神，深入学习贯彻习近平总书记系列重要讲话精神特别是关于工人阶级和工会工作的重要论述，紧紧围绕“四个全面”的战略布局，大力实施女职工提升素质建功立业工程，着力培养知识型、技术型、创新型女职工队伍，动员广大女职工为实现“两个一百年”奋斗目标、实现中华民族伟大复兴的中国梦作出新的更大贡献。

二、目标任务

进一步加大女职工教育培训力度，充分发挥女职工培训阵地作用，培养和造就一支适应时代发展要求、具有开拓创新能力的高素质女职工队伍；进一步引导女职工投身劳动竞赛、技能比武、发明创造等经济技术创新活动，为推动企业科学发展建功立业；进一步创新活动载体，丰富活动内涵，打造形式多样、贴近女职工的工作品牌，搭建起女职工提升素质建功立业的服务平台；进一步弘扬劳模精神、劳动精神，发挥先进女职工示范带动作用，引导女职工在推动经济平稳健康发展和社会和谐稳定中彰显巾帼风采。

三、活动内容

（一）提高女职工思想道德素质。

深入推进“四德”“四自”教育，引导女职工继承和弘扬中华优秀传统文化，自觉培育和践行社会主义核心价值观。深化“中国梦·劳动美——女职工在行动”主题教育活动，引导女职工把实现个人理想、岗位建功立业与实现中国梦紧密结合起来，汇聚同心共筑中国梦的强大力量。发挥女职工在家庭生活中的独特作用，扎实推进“培育好家风——女职工在行动”主题实践活动，引导女职工传承良好家风，发扬中华民族传统家庭美德。广泛开展面向女职工的普法宣传教育，引导女职工增强法治观念，做社会主义法治的忠实崇尚者、自觉遵守者、坚决捍卫者。

（二）提高女职工科学文化素质。

充分利用工会女职工培训示范学校、女职工周末学校、流动课堂、网络课堂等，广泛开展科学文化知识的教育传播与普及，着力推出一批女职工培训精品课程，形成多渠道、多层次、开放式的女职工学习培训新格局，为女职工接受继续教育提供多样化途径，鼓励和帮助女职工提升学历层次。深入开展女职工读书活动，充分利用职工书屋，组织推荐好书、读书沙龙、征文、演讲等活动，引导广大女职工树立终身学习理念，激发和调动女职工获取知识、更新知识的积极性主动性。

（三）提高女职工技术技能素质。

动员引导女职工积极投身大众创业、万众创新。围绕提高职工技术素质、推动加快经济发展方式转变，根据行业和女职工特点，广泛开展女职工岗位创新技能竞赛，组织动员女职工积极参加岗位练兵、技能比赛、技术交流、师徒帮带等活动，不断拓展竞赛项目，扩大参与覆盖面，增强竞赛的实用性及实效性，为女职工切磋技艺、提升技能搭建平台。适应就业方式和企业用工需求的变化，针对在岗女职工、下岗女职工、女大学生等不同群体开展多种类型的技术技能培训，提高技能培训的针对性和实效性，帮助女职工不断提高技术等级，为女职工就业、创业和发展创造条件。推进女职工创新班组、创新团队建设，因地制宜地培育、选树女职工“创新工作室”“创新示范岗”等，总结推广女职工优秀技术创新成果，积极争取将其纳入职工创新成果评选，促进女职工优秀技术创新成果的应用和转化，为女职工搭建施展创新才能的平台。

（四）提高女职工心理素质和体能素质。

通过咨询辅导、服务热线、开展联谊活动等形式，深入开展“心理援助进企业”等活动，对不同群体的女职工开展心理关怀、婚恋关怀等服务，多途径多形式向女职工传播心理健康新理念，帮助女职工解决实际问题，引导女职工保持健康积极的心态。组织女职工参加健康有益的文体活动，引导女职工树立科学文明的健康意识，不断提升体能素质。开展女性健康职业安全卫生知识教育，提高安全意识和职业健康意识，以积极的心态和健康的体魄迎接新的挑战。

（五）坚持以劳模精神激励引领女职工建功立业。

引导广大女职工树立辛勤劳动、诚实劳动、创造性劳动的理念，以“五一巾帼奖”争创活动为载体，在广大女职工中广泛开展学比赶超、创先争优等活动，发现、培育和宣传表彰活动中涌现出的先进女职工集体和个人，让劳动最光荣、劳动最崇高、劳动最伟大、劳动最美丽蔚然成风。通过先进女职工事迹报告会、巡回演讲、劳模大讲堂等形式，开展先进女职工进企业、进班组活动，用先进思想、模范行为感召和带动广大女职工，发挥各行各业先进典型、“最美人物”等的示范带动作用，激发女职工学习先进、追赶先进、争当先进的持久内生动力，引导女职工积极投身经济建设主战场，在平凡的岗位上争创一流。

四、工作要求

（一）加强组织领导。

要进一步提高对新形势下深入实施提素建功工程重要性的认识，与工会组织开展的各项创先争优建功立业活动有机结合，精心组织、统筹安排，周密部署、全力推进。要有效整合社会及工会系统资源，形成全会重视、社会关注、工会女职工组织推进的良好工作格局。

（二）增强工作实效。

要重视对提素建功工程的工作指导、督导检查和调查研究，及时研究解决新情况新问题，探讨推进工作的思路，确保各项任务扎实推进，取得实效。要加强分类指导，针对新时期女职工队伍特点，坚持以问题为导向，以女职工需求为导向，积极回应不同女职工群体的新需求新期待，从实际出发，设计务实管用的载体，突出区域特色、行业特点和企业需求，着力提高女职工的参与率。要不断丰富活动内涵、创新活动载体，使活动更加深入、更加务实、更加有效。

（三）加大宣传力度。

要充分利用广播、电视、报刊等传统媒体和网络论坛、微博、微信、手机 App 等现代传媒手段，采用通俗易懂、寓教于乐、贴近女职工的宣传形式，大力宣传深入实施提素建功工程的重要意义，及时总结推广好经验好做法，充分发挥示范辐射和引领作用，形成女职工广泛参与的良好氛围，不断扩大新形势下深入实施提素建功工程的感召力和社会影响力。

中华全国总工会女职工委员会关于进一步加强工会女职工权益维护工作的意见

（工女委发〔2015〕4号　2015年12月17日）

女职工是我国工人阶级的重要组成部分，是妇女群众的骨干力量，是全面建成小康社会、促进经济社会发展的重要力量。为深入贯彻落实男女平等基本国策，依法维护女职工合法权益和特殊利益，现就进一步加强工会女职工权益维护工作提出如下意见。

一、重要意义

全面维护女职工合法权益和特殊利益，是工会女职工组织贯彻落实男女平等基本国策、促进女职工和经济社会同步发展的职责所在，是保障女职工与下一代健康、提高劳动力人口质量、促进经济社会持续健康发展的必然要求。经济发展新常态下，随着企业组织形式、劳动关系和女职工队伍的发展变化，女职工权益实现面临一些新情况新问题，女职工劳动就业、“四期”保护、社会保障等面临新挑战，新的职业危害因素不断增多，职业安全健康隐患依然存在，对工会女职工权益维护工作提出了新课题。加强新形势下工会女职工权益维护工作，对于团结广大女职工坚定不移听党话、跟党走，充分发挥女职工在社会生活和家庭生活中的独特作用，为全面建成小康社会、实现中华民族伟大复兴中国梦而奋斗具有重要的现实意义。

二、总体要求

（一）指导思想。深入学习贯彻习近平总书记系列重要讲话精神特别是关于工会工作和妇女工作重要指示精神，紧紧围绕“十三五”规划目标任务和协调推进“四个全面”战略布局，坚定不移走中国特色社会主义工会发展道路，贯彻落实男女平等基本国策，坚持以人为本，坚持依法维权，坚持改革创新，大力推动《女职工劳动保护特别规定》（以下简称《特别规定》）及相关法律法规贯彻落实，倡导尊重女性生育社会价值理念，创造有利于女职工和经济社会同步发展的社会环境，推动实现女职工共建共享改革发展成果，促进劳动关系和谐稳定和经济社会持续健康发展。

（二）工作目标。推动完善女职工权益保护法律政策体系，推动构建党委领导、政府主导、工会参与的女职工权益维护工作格局，加强源头参与、调研评估、监督检查、争议调处和联动协作等女职工权益维护工作机制建设，深化女职工权益保护专项集体合同（以下简称“女职工专项合同”）工作，努力实现在已建工会女职工组织的企业中宣传普及《特别规定》工作全覆盖，全面提升《特别规定》知晓率，在已建工会女职工组织并签订集体合同的企业中女职工专项合同全覆盖，推动改善女职工劳动条件、优化就业环境、实现体面劳动，不断提高女职工职业安全健康水平，切实维护女职工合法权益和特殊利益。

三、主要内容

（一）积极参与涉及女职工权益法律法规政策的制定与完善。围绕中国特色社会主义法治体系建设，深入研究经济发展新常态下女职工权益实现面临的新情况新问题，通过人大、政协提案议案、工会与政府联席会议制度和协调劳动关系三方机制，反映女职工呼声，表达意见主张，促进性别平等纳入决策主流，推动从法律法规、政策措施、发展规划、重大决策以及责任考核等层面上保障女职工合法权益和特殊利益。积极参与涉及女职工权益保障法律法规的制定与修订，推动政府职能部门加强新兴产（行）业职业危害预防控制技术研发，注重总结基层女职工维权工作实践经验，努力将实践经验和政策主张上升为法律法规，促进女职工权益保护法律政策体系的不断完善，为女职工权益实现提供更加科学全面的法治保障。

（二）广泛开展女职工权益保护法律法规宣传普及活动。坚持面向企业面向女职工面向社会开展《特别规定》等国家保护女职工权益法律法规宣传普及活动，结合“三八”国际劳动妇女节、“五一”国际劳动节等重点时段和女职工维权行动月等专题活动，推动宣传普及工作进企业、进车间、进班组，督促用人单位履行法律责任，提高女职工依法维权意识。充分发挥工会“大学校”作用，依托工会干部院校、职工学校、女职工培训示范学校等教育培训阵地，将女职工权益保护纳入培训内容，开展专题辅导讲座和法律咨询服务，提高女职工依法维权能力，引导女职工自觉守法、遇事找法、解决问题靠法，理性表达利益诉求，依法维护自身权益。主动适应网络强国战略新要求，准确把握“互联网 +”时代新特点新规律，探索“互联网 +”工会女职工权益维护工作模式，形成网上网下有机融合、各类资源有效整合、多种形式互为补充的网络平台，不断扩大工会女职工组织影响力。

（三）扎实推进女职工权益保护专项集体合同工作。围绕中国特色集体协商制度建设，坚持把女职工专项合同工作作为基础性、长期性重点工作，作为工会女职工组织依法履行维权基本职责的重要载体。坚持依托集体协商和集体合同制度建设，推动女职工专项合同工作纳入集体协商和集体合同工作，努力实现女职工专项合同与集体合同协商、签订、履约“三同步”。坚持长效机制建设与解决当前突出问题有机结合，推动《特别规定》纳入女职工专项合同，围绕女职工“四期”保护、禁忌从事劳动范围、生育待遇、妇科普查等内容，广泛征求女职工意见，提出切实可行的协商议题，抓细抓实协商内容，着力增强协商议题的针对性、实效性。确保职工方协商代表中有相应比例女职工代表，选好配强女职工代表，合同草案应提交职工代表大会或全体职工大会审议通过，签订生效的合同文本应及时公布并备案，切实提高女职工专项合同知晓率。着力规范履约评估程序，建立健全履约责任制度，通过职代会、民主评议、专项督查等方式进行效果评估，切实维护女职工的知情权、参与权、表达权、监督权，有效提升协商质量、增强履约实效，不断提高女职工满意度。

（四）推动加大女职工权益维护监督工作力度。积极推动政府职能部门增强执法主体意识，履行监管职能，加强对非公有制中小微企业和职业健康危害严重的重点领域职业健康危害监控，督促用人单位自觉履行守法义务，建立健全女职工劳动保护制度，加强“四期”保护，改善劳动条件，落实生育待遇，严格执行女职工禁忌从事劳动范围规定，落实有毒有害岗位书面告知义务，实施定期体检，保障女职工职业安全和生育健康。加强与人大和劳动、卫生、安监等政府部门的联系配合，联合开展监督检查，对违反《特别规定》、侵害女职工权益的用人单位，依法追究法律责任。工会女职工组织在参与各类侵权案件处理中，要认真履行维护职责，及时反映女职工利益诉求，监督落实整改措施，依法维护女职工合法权益和特殊利益。

四、保障措施

（一）加强组织领导。各级工会女职工组织要从服务党和国家工作大局的战略高度，充分认识加强女职工权益维护工作的重要性和必要性，不断增强责任意识、忧患意识，及时向同级工会领导汇报女职工权益实现情况，推动女职工权益维护工作纳入工会维权重点工作统一部署、整体推进、同步考核。要结合本地区、本单位女职工权益维护工作实际，明确目标任务，制定实施方案，落实工作职责，建立健全女职工权益维护工作目标体系，实现一级抓一级，层层抓落实，确保女职工权益维护工作责任到人，工作到位，扎实有效推进。

（二）加强机制建设。依托政府联席会议制度和协调劳动关系三方机制，积极搭建内外协调、上下联动、整体推进的女职工权益维护工作平台。推动健全完善民主管理制度和劳动争议调解、仲裁、诉讼机制，确保职工代表中有相应比例女职工代表，劳动争议调解委员会中配备女职工代表，畅通女职工诉求渠道。推动建立健全区域性、行业性和企业女职工权益维护工作制度，着力加强非公有制中小微企业女职工权益保障机制建设。完善表彰激励机制，将女职工权益维护工作纳入工会“模范职工之家”评比内容。推动建立健全危机处理应急机制，对侵害女职工权益的突出问题、典型个案，做到早发现、早报告、早协调、早解决，旗帜鲜明地维护女职工合法权益和特殊利益。

（三）打造工作品牌。准确把握女职工权益维护工作的特点和规律，总结推广基层实践创新成果，注重培育、打造工会女职工权益维护工作品牌，不断增强女职工权益维护工作的针对性、实效性。结合工会“安康杯”竞赛活动，着力提高女职工安全防护意识，加强群众监督，推动解决女职工权益实现中的突出问题。积极探索社会化推进、项目化管理、实事化运作模式，争取各类资源手段，加大维权服务工作力度，丰富工作内涵、扩大品牌效应，不断提高工会女职工组织吸引力凝聚力战斗力。

（四）加强队伍建设。按照“绝对忠诚党的事业，竭诚服务职工群众”的要求，引导工会女职工工作干部不断提高履职能力。以改制企业和非公有制中小微企业为重点，加大基层工会女职工工作干部培训力度，将女职工权益维护纳入各级工会干部轮训内容，使工会女职工工作干部掌握法律政策、熟悉工会业务，不断增强依法维权能力水平，真正成为女职工信得过、靠得住、离不开的“娘家人”。

图书在版编目（CIP）数据

工会女职工工作百问百答 / 宗萍，刘瑛编著.
—北京：中国工人出版社，2021.5
ISBN 978-7-5008-7655-7

Ⅰ.①工… Ⅱ.①宗… ②刘… Ⅲ.①女职工—工会工作—中国—问题解答 Ⅳ.①D412.6-44

中国版本图书馆CIP数据核字（2021）第081228号

工会女职工工作百问百答

出 版 人 王娇萍
责任编辑 赵晨羽 黄冰凌
责任印制 栾征宇
出版发行 中国工人出版社
地　　址 北京市东城区鼓楼外大街45号 邮编：100120
网　　址 http://www.wp-china.com
电　　话 （010）62005043（总编室）
（010）62005039（印制管理中心）
（010）82075935（工会与劳动关系分社）
发行热线 （010）62005996 82029051
经　　销 各地书店
印　　刷 北京市密东印刷有限公司
开　　本 880毫米×1230毫米 1/32
印　　张 6.875
字　　数 130千字
版　　次 2021年5月第1版 2024年5月第6次印刷
定　　价 35.00元
